ZURÜCKTRETEN BITTE!

Mehr kulturelle Teilhabe durch
rationale Kulturvermittlung

WANDA WIECZOREK
MIT EINEM BEITRAG VON **MARKUS RIEGER-LADICH**

INHALT

Einleitung. Mehr kulturelle Teilhabe durch
rationale Kulturvermittlung 4

Das Projekt. *Die Kunstnäher_innen* 18

In der Praxis. Probieren, stolpern und dazulernen 23

    1. Macht mit, warum auch immer, aber seid voll dabei! 24
       Über verschiedene Motive kultureller Aktivität und den
       Umgang mit abweichenden Nutzenerwartungen

    2. Hier könnt ihr mal etwas richtig Großes machen. 33
       Wie die Erwartungen der Kulturinstitutionen zu
       Ermächtigung führen – oder auch zu Überforderung

    3. Schöne Idee, aber das passt jetzt nicht so richtig rein. ... 41
       Wieviel ästhetischer Wille ist zumutbar und wer
       bestimmt eigentlich, was gezeigt wird?

    4. Zeigt uns, wie es geht! – Ich will es (nicht) wissen. 50
       Die feine Balance zwischen Lernen und Lehren und
       der Gewinn von unerfüllten Erwartungen

    5. Jetzt entscheidet ihr! 56
       Warum man Platz machen muss, um Selbstbestimmung
       zu ermöglichen

6. Sag mal – was hältst du davon? 60
   Über geeignete und ungeeignete Formen des Austauschs,
   um etwas aus anderen Lebenswelten zu erfahren

7. Raus aus der Komfortzone 72
   Warum es notwendig ist und sich lohnt, den White Cube
   gelegentlich zu verlassen

8 »Jugendliche mit Migrationshintergrund für
   Kulturprojekt gesucht« 78
   Warum das Denken in Zielgruppen am Ziel vorbei führt

9. Die Zielgruppe, das bin ich. 83
   Von der Mühe, die eigene Herkunft zu durchleuchten
   und daraus vermittelbares Wissen zu ziehen

10. Her mit der Veränderung! 93
    Auf welchen Ebenen setzt Veränderung an und was kann
    man konkret dafür tun?

Unter sich bleiben. Einrichtungen der kulturellen
Bildung mit Pierre Bourdieu in den Blick nehmen 101
Markus Rieger-Ladich

EINLEITUNG.
MEHR KULTURELLE TEILHABE
DURCH RATIONALE KULTUR-
VERMITTLUNG

Die Diskussion um kulturelle Teilhabe gewinnt an Fahrt. Quer durch den deutschsprachigen Raum werden immer mehr Projekte umgesetzt, es wird geforscht, publiziert und diskutiert. Die Kulturpolitik hat kulturelle Teilhabe ganz oben auf die Agenda gesetzt. Fördereinrichtungen richten sich strategisch danach aus. Es scheint fast, als könne sich keine öffentlich geförderte Kulturinstitution mehr erlauben, sich nicht um kulturelle Teilhabe zu kümmern. Dabei sind die Ansprüche hoch. Kulturelle Teilhabe wird als ein Menschenrecht betrachtet,[1] als zentrale Antwort auf die Herausforderungen einer zunehmend pluraler werdenden Gesellschaft. Wo politische Haltungen, Lebenslagen und Einkommensverhältnisse weiter auseinanderdriften, soll kulturelle Teilhabe ein Schlüssel zu gesellschaftlichem Zusammenhalt, Mitwirkung und Mitverantwortung sein.

Auf der kulturpolitischen Ebene geht es zunächst einmal um den großen Zusammenhang. Alle Mitglieder der Gesellschaft sollen »einen Zugang zu Kultur erhalten und die Möglichkeit haben, sich mit Kultur auseinanderzusetzen und Kultur selber auszuüben«.[2] Hier kommen die Kulturinstitutionen ins Spiel. Sie haben den Auftrag, durch spezielle Angebote der Kulturvermittlung³ diejenigen Personen zu erreichen, die nicht an der öffentlichen Kultur teilnehmen. Aber um wen geht es dabei?

Die »Teilhabenichtse«⁴ sind kein neues Phänomen und lassen sich in den Statistiken durchaus finden. Bereits in den 1970er Jahren analysierte der Soziologe Pierre Bourdieu den Zusammenhang von kultureller Teilhabe, sozialer Herkunft und schulischem Erfolg mit dem Befund, dass »der Zugang zu den kulturellen Werken das Privileg der gebildeten Klassen bleibt. So hängt z.B. der Museumsbesuch (der im Übrigen, wie man weiß, mit anderen Arten kultureller Praxis, wie dem Theater- oder Konzertbesuch eng verknüpft ist) unmittelbar vom Bildungsniveau ab.«⁵

Teilnahme
Teilhabe
Mitbestimmung

Teilhabe ist ein umfassender Begriff, der die Möglichkeiten des Individuums bezeichnet, sich als Teil des gesellschaftlichen Zusammenlebens zu begreifen und gestaltend darauf Einfluss zu nehmen. Kulturelle Teilhabe ist ein Element dieser allgemeinen sozialen Teilhabe. Sie umfasst sowohl die Teilnahme an Kultur als auch die eigene kulturelle Produktion und erfordert den souveränen Umgang mit unterschiedlichen kulturellen Ausdrucksformen und Codes, aus dem Optionen der Mitwirkung und Mitbestimmung erwachsen. Von zahlreichen Vertreter_innen der Kulturpolitik und Kulturvermittlung wird kulturelle Teilhabe daher als eine Voraussetzung für gelingende soziale Teilhabe betrachtet. So begründet sich der Anspruch der Kulturpolitik an die Kulturinstitutionen, durch Kulturvermittlung zu kultureller und damit sozialer Teilhabe beizutragen.

Diese Diagnose hat seither nichts von ihrer Gültigkeit eingebüßt. Aktuellere Erhebungen des Schweizer Bundesamtes für Statistik aus den Jahren 2008 und 2014⁶ ergeben, dass nach wie vor das eigene Ausbildungsniveau und – besonders bei den klassischen Kultursparten – auch das der Eltern maßgeblich darüber bestimmen, wer Kulturveranstaltungen besuchen und vielleicht sogar selbst Kultur erschaffen wird. Dieser Zusammenhang zeigt sich sogar bei der Mediennutzung und bei vermeintlich leichter zugänglichen Formaten wie Festivals, Denkmälern und Kinofilmen. Entsprechende Studien für Deutschland zeichnen das gleiche Bild.⁷

Der erreichte Bildungsabschluss ist ausschlaggebend für die beruflichen Aussichten und damit auch für das erwartbare Einkommen. Es verwundert daher nicht, dass das Haushaltseinkommen derselben Studie zufolge einen ebenfalls signifikanten, wenngleich etwas geringeren Einfluss auf Kulturnutzung und -schaffen hat. Keinen statistisch spürbaren Einfluss hat dagegen die Nationalität der Befragten. Das ist bemerkenswert, denn im öffentlichen Diskurs der Mehrheitsgesellschaft wird die geografische Herkunft einer Person oder ihrer Familie mit ihren Chancen auf kulturelle Teilhabe meist selbstverständlich verknüpft. Der scheinbare Widerspruch erklärt sich dadurch, dass zwischen den verschiedenen Gruppen von Zugewanderten ein Unterschied gemacht wird, jedoch ohne dies ausdrücklich zu kennzeichnen: Auf der einen Seite die als »internationale Wanderer« oder »Expats« bezeichneten hoch qualifizierten Zugewanderten, denen hohes Kapital und globales Wissen zugestanden wird. Auf der anderen

Seite die Einwander_innengenerationen der ersten und zweiten Welle und deren Kinder sowie die niedrig qualifizierten aktuell Zugewanderten und Geflüchteten. Für sie bleiben die Begriffe »Migrant_in«, »Ausländer_in« oder eben »Mensch mit Migrationshintergrund« reserviert – stigmatisierende Bezeichnungen, in denen sich diffuse Zuschreibungen von sozialer und kultureller Andersartigkeit sammeln und die meist im gleichen Atemzug mit defizitären Eigenschaften verwendet werden wie »bildungsfremd«, »sozial benachteiligt« oder »kulturfern«.

Im Fachdiskurs der Kulturvermittlung werden solche stigmatisierenden Begriffe glücklicherweise immer seltener verwendet. Dennoch bleibt es schwierig, diejenigen zu benennen, die nicht teilhaben. Denn sie fallen eben dadurch auf, dass sie fehlen, dass sie zumindest nicht dort sind, wo über sie geredet wird. Sie sind ein unbekanntes Gegenüber, eine Leerstelle. Und das macht es so schwer, einen positiven Begriff zu finden, der sie nicht bloß als mangelhaft beschreibt.

Von wem reden wir eigentlich – und wie?

Es gibt in den Sozialwissenschaften eine ganze Reihe von Begriffen, um soziale Zugehörigkeiten zu beschreiben. Es wird beispielsweise von Schichten gesprochen, von Milieus, Klassen und traditionell auch von Ständen. In der Wissenschaft werden diese Begriffe keineswegs einheitlich verwendet. Vielmehr gehört die Debatte um ihre richtige Konzeptionalisierung und Anwendung zum Kerngeschäft der Sozialwissenschaften und wird laufend weiter geführt. So ist es auch im öffentlichen Diskurs der Mehrheitsgesellschaft. Jeder dieser Begriffe ist mit einem bestimmten Bild von Gesellschaft verbunden und hat unter anderem Folgen für den Handlungsspielraum, der den bezeichneten Gruppen zugestanden wird. Es fällt auf, dass der Begriff der Klasse derzeit wenig verwendet wird. Er scheint regelrecht verbrannt zu sein, wie ein Überbleibsel aus alter Zeit, das heutzutage keine Rolle mehr spielt. Wer »Klasse« sagt, erinnert an die Diagnosen von Karl Marx, an Arbeiterklasse und herrschende Klasse, an Klassenkampf und Klassenbewusstsein. Es ist richtig, der Begriff der Klasse ist

Die diskriminierende Funktion der Kultur

Hier kommt die Kultur in ihrer doppelten Funktion ins Spiel. Kultur ist einerseits das Medium, in dem sich gesellschaftliche Verständigung ereignet: öffentliche Debatte, Meinungsbildung und Trendsetting sind ohne Bilder, Begriffe und Praktiken nicht denkbar. Andererseits ist Kultur auch der Ort, an dem über »in« oder »out« entschieden wird. Ob etwas zu einer bestimmten Gesellschaft als zugehörig empfunden wird, bildet sich ebenso in ihren Bildern, Begriffen und Praktiken ab. Kultur ist sozusagen die Türsteherin des Konsens: Sie bestimmt, wer rein darf und wer draußen bleiben muss. Sie schließt ein und schließt aus.

Die Kulturinstitutionen wiederum sind der Stuhl, auf dem die Türsteherin sitzt. In ihnen wird professionell darüber verhandelt, was gezeigt und damit Teil der sichtbaren Realität werden darf. Sie gelten als Orte, an denen das Wissen über kulturelle Prozesse aufbewahrt und gepflegt wird, sie beschäftigen Expert_innen für unterschiedliche kulturelle Techniken und sie filtern aus der Kulturproduktion das heraus, was den aktuell gültigen kulturellen Konsens füttert und im richtigen Maß weiterbringt. Die Kulturinstitutionen bilden zusammengenommen also ab, was zu einem bestimmten Zeitpunkt als mehrheitsgesellschaftlich wichtig und wertvoll erachtet wird.

Nun sind es hauptsächlich Personen mit höheren Bildungsabschlüssen und mittleren bis hohen Einkommen, die die Angebote der etablierten Institutionen der Hochkultur nutzen und diese auch selbst produzieren. Die Angehörigen der mittleren und oberen Gesellschaftsschichten entscheiden darüber, was in den Kulturinstitutionen gezeigt wird und was nicht, was als Kultur in Erscheinung tritt und was außen vor bleiben muss. Es findet also eine Art Zirkelschluss statt: Nur wer bereits teil hat, darf mitreden und mitentscheiden, was in den Kulturinstitutionen stattfindet. Da dieser Inhalt den eigenen Werten und Einstellungen entspricht, wird zur weiteren Teilnahme ermuntert und diese belohnt. Die Kulturinstitutionen sind somit Orte der symbolischen Verständigung und Selbstvergewisserung der mittleren und höheren Gesellschaftsschichten.

Personen, die den Normen dieser Gesellschaftsschichten nicht entsprechen, haben es schwer, sich darin einzufinden. Von der benötigten Vorbildung bis zur verwendeten Sprache, vom Kleidungsstil bis zum Verhalten bei sozialen Kontakten, von der Gestaltung der Einladungskarten bis zur Inneneinrichtung – auf allen Ebenen wird ihnen vermittelt, nicht dazu zu gehören und fehl am Platz zu sein. Der öffentliche Auftrag an die Kulturinstitutionen verkehrt sich so ins Gegenteil: Anstatt allen Personen gleichermaßen Zugang zum kulturellen Angebot und zur eigenen Produktion zu verschaffen, stellen sie selbst die Barriere dar, die den Weg zur Kultur erschwert.

Mittlerweile suchen zahlreiche Kulturinstitutionen nach Wegen, um ihr Publikum zu erweitern. Sie entwickeln neue Programme, um gezielt Personen anzusprechen, die bislang nicht zu ihren Nutzer_innen gehören. Aber es ist offenbar nicht so einfach, Personen aus den fehlenden Bevölkerungsschichten zu gewinnen. Oft wollen die, die mehr Teilhabe bekom-

> historisch. Aber er ist nicht stehengeblieben. Seit Marx haben zahlreiche Autor_innen den Klassenbegriff kritisiert, ergänzt und weiterentwickelt – ein Prozess, der auch heute noch andauert. Nicht zuletzt Pierre Bourdieu hat mit seinem erweiterten Begriff des Kapitals und dem darauf aufbauenden Klassenmodell eine wesentliche Erweiterung der Marxschen Theorie entworfen. Bourdieu beschreibt mit seiner Konzeption der Klassen, was soziale Gruppen ausmacht – nämlich die Chancen ihrer Angehörigen, bestimmte Positionen zu erreichen oder bestimmte Ansichten als allgemein gültig durchzusetzen. Dabei lenkt er das Augenmerk auf das Zusammenspiel von »sichtbaren« (wie dem ökonomischen Status) mit »unsichtbaren« Eigenschaften (wie den Wahrnehmungsweisen, Geschmäckern, Ängsten oder Verhaltensmustern). Bourdieus Konzept erweist sich als besonders hilfreich, um zu verstehen, wie die Zugehörigkeit zu einer bestimmten Klasse die konkreten Praxisformen ihrer Angehörigen bestimmt. Es ist daher für die Betrachtung von kulturellen Ausdrucksformen aller Art höchst aufschlussreich.

Hochkultur/ Legitimierte Kultur versus Alltagskultur

Was in den Kulturinstitutionen passiert, zählt zur sogenannten Hochkultur. Genauer könnte man sie auch »legitimierte Kultur« nennen, denn es handelt sich dabei um die Kulturproduktion, die durch die Entscheidung dazu befugter Personen als wertvoll und dafür geeignet erachtet wird, in den Kulturinstitutionen vertreten zu sein. Legitimierte Kultur bezeichnet also die anerkannte Kultur mit Kunstanspruch, die durch öffentliche und private Gelder gefördert wird.
Im Gegensatz dazu steht die Alltagskultur. Sie ist nicht der Sonderfall herausragender künstlerischer Begabung oder das Produkt eiserner Disziplin, sondern im Gegenteil: gewöhnlich – Teil des Alltags und eine ganz grundlegende menschliche Existenzbedingung.[8] Sie umfasst all jene Prozesse und Produkte, mit denen Menschen ihre sozialen Handlungen sowie ihre Lebensräume benutzen, menschlich machen, einrichten und mit Bedeutung füllen: persönlicher Stil und Kleidung, Auswahl und Nutzung von Musik, Fernsehen oder Zeitschriften, Einrichtung der Wohnung, Gestaltung von persönlichen Beziehungen, Ernährungsgewohnheiten usw.[9] Alltagskultur schließt sämtliche Elemente des symbolischen Ausdrucks ein und erhebt meist keinen Anspruch auf künstlerische Anerkennung. Die Grenzen zwischen legitimierter Kultur und Alltagskultur sind fließend, denn kulturelle Produktionen entstehen aus den Formen, die Menschen in ihrem Alltag finden, weiterentwickeln und zu mehr oder minder ausgefeilten Positionen ausarbeiten. Aber nicht jede Person hat die Macht darüber zu entscheiden, ob etwas als Hochkultur anerkannt wird oder nicht. Es braucht

men sollen, nicht so recht mitmachen. Sie wollen die Angebote nicht haben, interessieren sich für andere Dinge, bringen sich nicht ein wie gedacht. Die Projekte verlaufen im Sand oder ufern aus, überfordern und verlangen Dinge ab, für die das Personal der Kulturinstitutionen nicht ausgebildet ist – kurzum, sie verunsichern und frustrieren Beteiligte und Initiator_innen und erweisen sich als weitgehend wirkungslos.

Diese irritierenden Erfahrungen werden besser verständlich, wenn man sich klar macht, dass kulturelle Betätigung nicht für alle Menschen dasselbe bedeutet. Dieser Umstand wird leicht übersehen, da Kultur im öffentlichen Diskurs der Mehrheitsgesellschaft einen hohen, nahezu unantastbaren Wert besitzt. Ihr Wert scheint so selbstverständlich, dass er üblicherweise keiner weiteren Begründung bedarf. Eine Ausstellung ansehen, einen Töpferkurs für die Kinder buchen, in die Bücherei gehen oder das Feuilleton der Zeitung lesen – das erklärt sich quasi von selbst. Zumindest tut es das für Personen, die dies so praktizieren. Sie interessieren sich eben dafür und ernten neben der persönlichen Befriedigung auch soziale Anerkennung.

Verschiedene Einstellungen zur legitimierten Kultur

Zusammenfassend lässt sich also feststellen, dass eine grundsätzlich zugewandte Einstellung gegenüber Kulturgütern aller Art nicht etwa das Ergebnis individueller Entscheidungen oder Begabung ist. Vielmehr ist sie eine erlernte und ererbte Haltung. Eine Person, der von Kindheit an vermittelt wird, dass kulturelle Betätigung wertvoll und wichtig ist, wird diese Einschätzung höchstwahrscheinlich zu ihrer eigenen machen und danach leben. Dabei kommt es nicht so sehr darauf an, um welche Inhalte es geht oder ob es sich um besonders stark ausschließende Bereiche der Kultur (wie beispielsweise die klassische Musik oder die zeitgenössische Kunst) handelt. Wichtig ist festzuhalten, dass das Interesse an Kultur ein Ausdruck von sozial vermittelten und in Kindheit und Jugend erworbenen Werten ist, die je nach Schichtenzugehörigkeit unterschiedlich ausfallen. Da dieses Lernen in frühester Kindheit beginnt und sich in allen Lebensbereichen auswirkt, ist es im Jugend- und Erwachsenenalter normalerweise nicht mehr bewusst zu fassen. Sondern es zeigt sich als Interesse und intrinsische Motivation, sich überhaupt mit Kultur zu beschäftigen – oder eben nicht.

legitimierte Instanzen – einen Kunsthochschulabschluss, Kritiker_innen oder Kurator_innen, die Kunstvereins-Leitung usw. –, damit kulturelles Schaffen vom Status des privaten Hobbys in die Sphäre der anerkannten Kultur wechseln kann.

Es ist die gesellschaftliche Funktion der Kulturinstitutionen, die akzeptablen von den nicht-akzeptablen kulturellen Ausdrucksformen zu unterscheiden und den »kulturellen Kanon« zu formulieren. Dies geschieht durch einen komplexen Auswahlprozess, an dem zahlreiche Personen beteiligt sind: Politiker_innen ebenso wie Journalist_innen, Kulturschaffende, das Publikum, Sammler_innen, Förderstellen, gewerbliche Kulturproduktion. Letztlich ist es eine Frage der Definition, was als Kultur in Erscheinung treten darf und was nicht. Jemand (bzw. eine Gemengelage von Personen, die über die nötige Definitionsmacht verfügen) trifft letztlich die Entscheidung über »In« oder »Out«. Genau hier liegt das Territorium der Auseinandersetzung, auf dem die verschiedenen gesellschaftlichen Gruppen um Anerkennung und Zugehörigkeit zur gemeinsamen Kultur ringen. Graffiti war einmal eine jugendliche Subkultur und kriminalisiert – heute wird Graffiti-Kunst in Galerien gehandelt. Queere Lebensstile gibt es schon immer – in Fernsehserien und Illustrierten tauchen sie jedoch erst seit wenigen Jahren auf. Diese Beispiele zeigen, dass sich gesellschaftliche Anerkennung auf dem Feld der Kultur vollzieht, wo durch Verschiebungen von Sichtbarkeit und Sagbarkeit ein jeweils leicht verändertes, neues »Normales« geschaffen wird.

Dies gilt auch für Personen, die in der Kulturbranche arbeiten. Sie tun dies in erster Linie aus Liebe zur Sache, aus Begeisterung und Freude – so lautet jedenfalls die offizielle Sprachregelung. Geld zu verdienen und eine gewisse soziale Sicherheit zu erreichen werden eher als zweitrangige Motive behandelt. (Nicht zuletzt daher sind in der Kulturbranche deutlich geringere Löhne als in anderen Branchen durchsetzbar und die enge Verflechtung von Arbeits- und Privatleben üblich. Schließlich kann die Begeisterung für die Sache nicht um 17 Uhr bei Werksschluss enden.) Die Bereitschaft, sich rund um die Uhr für Kultur zu interessieren und einzusetzen ist gewissermaßen die Einstellungsvoraussetzung für eine Tätigkeit in der Kulturbranche.

Hier teilt sich das Bild: Für die »Insider« steht der Wert der Kultur außer Frage und sie begegnen allen Arten von Kultur mit Interesse und Motivation. Die »Outsider« treten nur durch Abwesenheit in Erscheinung, was »von innen« als Desinteresse und Unwissenheit interpretiert wird. Die Insider besitzen nicht nur Bildung, Geld und gesellschaftlichen Status, sondern auch die Macht zu entscheiden, was als Kultur anerkannt wird. Die Outsider haben wenig formale Bildung, sind nicht besonders wohlhabend, besitzen kaum Einfluss auf den gesellschaftlichen

Was gehört zur legitimierten Kultur? Potenziell alles!

Der Begriff »legitimierte Kultur« ist nicht gerade griffig. Ich verwende ihn dennoch, weil er einen wichtigen Unterschied verdeutlicht zwischen »Kultur, die in Kulturinstitutionen gezeigt wird« und »Kultur, die nicht in Kulturinstitutionen gezeigt wird«. Gerade heutzutage ist es oft nicht einfach zu bestimmen, wo diese Grenze verläuft, und vor allem warum. Graffiti gibt es in Galerien und im U-Bahn-Tunnel, Streetwear beeinflusst die Entwicklung der Couture, Lai_innen performen sich selbst auf Theaterbühnen, Künstler_innen bringen Alltagsprodukte in den Ausstellungsraum. Es herrschen weithin sehr offene Kulturbegriffe vor, die sich eben nicht mehr an die früher gültige strikte Trennung von Hochkultur und Populärkultur halten.

Zur Hochkultur gehörten traditionell die klassischen Kunstsparten (bildende und darstellende Kunst, klassische Musik, Literatur) sowie das intellektuelle Leben. Hochkultur galt als Domäne der gesellschaftlichen Eliten. Unter Populärkultur wiederum verstand man leichte Unterhaltung, Sport und den Konsum von Massenmedien. Die Populärkultur ordnete man der Arbeiterschicht zu. Solche klaren Abgrenzungen haben sich im zwanzigsten Jahrhundert aufgelöst. Heutzutage verläuft die Trennlinie zwischen denjenigen, die überhaupt an legitimierten Kulturformen teilnehmen (und zwar in ihren sämtlichen Formen), und denjenigen, die dies kaum oder gar nicht tun (abgesehen von wenigen Ausnahmen wie beispielsweise dem intensiven Fernsehkonsum). Zu diesem Schluss kommt eine umfangreiche soziologische Studie aus Großbritannien, die die Einstellungen und kulturellen Praxisformen in verschiedenen Gesellschaftsschichten untersucht.[10]

Das Besondere dabei ist, dass die heutige Hochkultur sich eben nicht mehr durch ihre Abgrenzung zur Populärkultur auszeichnet, sondern dass sie ein Allesfresser ist. Sie setzt sich aus ganz verschiedenen kulturellen Bereichen zusammen und findet besonders in vormals randständigen und neu entstehenden kulturellen Formen neue Impulse.

Konsens und erkennen selten die unterscheidende Funktion der Hochkultur[11]. Als zentrales Abgrenzungsmerkmal zwischen den Schichten offenbart sich jedenfalls das Interesse an der legitimierten Kultur.

Rationale Kulturvermittlung...

Für die Bemühungen der Kulturinstitutionen um mehr kulturelle Teilhabe hat das weitreichende Folgen. Zum Einen gilt es anzuerkennen, dass die Nutzung von kulturellen Angeboten für verschiedene Personen auch Verschiedenes bedeutet. Während der Gewinn für die einen offensichtlich ist, erschließt er sich für andere überhaupt nicht. Und wenn nun die Wertschätzung für Kultur von erlernten und eingeübten inneren Einstellungen abhängt, die wiederum von bestimmten schichtenspezifischen Normen geprägt sind, dann bietet sie einen schlechten Ausgangspunkt für die Ansprache von Personen aus anderen Schichten als der eigenen. Anders formuliert: Die eigene Kulturbegeisterung, ja überhaupt die eigenen Motive taugen herzlich wenig dafür, andere Personen als die sowieso schon Anwesenden zu erreichen.

Die Herausforderung besteht darin, diese Elemente so zusammenzufügen, dass sie zwar in spannungsreicher Entwicklung, aber gerade noch im Einklang mit dem dominanten Kanon stehen, und anschließend den Gewinn solcher kultureller »Neuentdeckungen« für sich zu verbuchen. Allein dem traditionellen hochkulturellen Kanon zu folgen reicht nicht mehr aus, sondern wird vielmehr als engstirnig und wenig flexibel betrachtet – Eigenschaften, die gemeinhin den unteren Gesellschaftsschichten zugeschrieben werden.[12] Die Beherrschung der Hochkultur zeigt sich demnach in der gekonnten Zusammenstellung unterschiedlichster Formen und Ebenen vor allem der zeitgenössischen kulturellen Produktion. Trotz dieser Öffnung gegenüber neuen kulturellen Ausdrucksformen hat sich die Funktion von kultureller Teilhabe zur Stabilisierung sozialer Positionen nicht etwa erledigt. Sie kommt jedoch etwas anders daher als früher und setzt neben der nötigen Bildungsqualifikation einen gekonnten Eklektizismus, einen Schuss subkulturelle Betätigung sowie angemessene Formen der Selbstdarstellung voraus, all das vereint unter dem Dach eines inklusiven Ethos.[13] Wenn nun die Hochkultur alle kulturellen Formen in sich aufsaugen kann, flexibel und dynamisch ist, dann ist kein Platz mehr für eine Gegenkultur, wie es ehemals die Populärkultur war. Außerhalb der legitimierten Kultur ist dann nur noch »Kulturlosigkeit« zu finden. Da die mittleren und oberen Gesellschaftsschichten das Entscheidungsmonopol darüber besitzen, was zur legitimen Kultur gehört, trifft diese Abwertung überwiegend die unteren Gesellschaftsschichten. Ihre kulturellen Praxisformen werden entweder von dieser neuen Hochkultur geschluckt oder treten gar nicht als kulturell in Erscheinung. Das macht es den Angehörigen dieser Gesellschaftsschichten schwer, einen positiven Bezug zu ihrer sozialen Gruppe zu entwickeln, wie es früher beispielsweise der Arbeiterklasse durch die Arbeiterkultur möglich war. Zur bildungsmäßigen und ökonomischen Benachteiligung kommt also noch die kulturelle Deklassierung hinzu, die die Angehörigen der unteren Gesellschaftsschichten marginalisiert und durch ihr vermeintliches Defizit unsichtbar macht.[14]

Zum Anderen müssten die Kulturinstitutionen in ihrer Struktur und ihren Inhalten die Lebenslagen und Praktiken der Nicht-Teilhabenden ebenso spiegeln wie sie bereits die der Teilhabenden spiegeln. Ist das nicht der Fall, kommt das Angebot zur Teilhabe einem Zwang zur Anpassung und Unterwerfung unter das Kulturverständnis der dominanten Gesellschaftsschichten gleich. Kulturvermittlung wäre dann nicht viel mehr als »Erziehungshilfe« für diejenigen, die sich aus Sicht der dominanten Kultur nicht angemessen verhalten und mitreden können.

Es geht also darum, die Fertigkeiten des kulturellen Kanons zu vermitteln, aber gleichzeitig diesen Kanon durchlässig und aufnahmefähig zu machen für die darin fehlenden Gesellschaftsschichten und so die Möglichkeit für ihre Mitgestaltung – oder den begründeten Verzicht darauf – zu schaffen.

Wie aber soll das nun gehen? Wie kommen wir Kulturschaffenden zu einem neuen Standpunkt, von dem aus ein anerkennender Kontakt zu benachteiligten Personen aufgebaut werden kann? (In dieses »wir« schließe ich mich als Autorin dieses Textes und als »weiße«, mit viel formaler Bildung und einer kunstliebenden Familie ausgestattete Person, die seit einigen Jahren in verschiedenen Rollen im Kulturfeld professionell tätig ist, ausdrücklich mit ein.) Wie können wir unsere Formate, Methoden, Sprechweisen so verändern, dass sich die Angesprochenen auch tatsächlich gemeint fühlen und verstehen, wovon wir reden? Und am allerwichtigsten: Wie können wir uns selbst so verändern, dass das, was die Angesprochenen zu sagen haben, für uns überhaupt hörbar und verständlich wird?[15]

Es braucht dafür eine selbstreflexive Wendung, die ich »rationale Kulturvermittlung« nenne. Der Begriff »rational« klingt womöglich ungewohnt zur Beschreibung eines Arbeitsfeldes, das sonst eher mit Eigenschaften wie spielerisch und frei, kreativ und emotional in Verbindung gebracht wird. Aber ich meine es im buchstäblichen Sinne: Die Kulturvermittlung braucht eine aufgeklärte Haltung gegenüber ihren Annahmen und Motivationen, die auf tief verankerte, verinnerlichte Überzeugungen zurückgehen.

Der Begriff »rationale Kulturvermittlung« nimmt Bezug auf die Forderung von Pierre Bourdieu, für das Bildungssystem eine »rationale Pädagogik« zu entwickeln, »die vom Kindergarten bis zur Hochschule methodisch und kontinuierlich die Wirkung der sozialen Faktoren kultureller Ungleichheit zu neutralisieren«[16] sucht. Ihre Aufgabe sei es, »immer so vorzugehen, als müsse man *allen alles* unterrichten«[17]. Bourdieu spricht von einer durch und durch methodischen Vorgehensweise, durch die die kulturellen Fertigkeiten vermittelt werden, die manche schon von frühester Kindheit an einüben, zu denen andere jedoch durch ihre familiäre Herkunft keinen Zugang haben. So soll eine allgemeine Grundhaltung gegenüber jeder Art von Kulturgut hergestellt werden, aus der Interesse und Beteiligung folgen können (wenn auch nicht müssen) und die die Basis schafft für kulturelle sowie gesellschaftliche Mitgestaltung.

Wenn wir rationale Kulturvermittlung in die Tat umsetzen wollen, dann bedeutet das eine Umkehrung der Blickrichtung. Weg von den vermeintlichen Defiziten der Nicht-Anwesenden und hin zum eigenen Anteil an deren Abwesenheit: Wodurch werden sie abgehalten? Was tun wir – als Institutionen und als Individuen –, um Barrieren zu errichten oder aufrecht zu halten? Wie verhindern unsere Arbeitsweise und unsere Institutionsstruktur die Anwesenheit bestimmter Personen und Gruppen? Wie müssen wir uns selbst verändern, um Zugang zu ermöglichen? Und worauf müssen wir verzichten, um Teilhabe gerechter zu gestalten?

Die gute Nachricht ist: Es gibt eine Menge Material, um diesen Fragen auf die Spur zu kommen. Und es liegt bereits in unseren Händen. Unsere eigenen Erfahrungen und Kenntnisse als Kulturschaffende und -vermittelnde sind eine immense Wissensressource über die Kunstwelt, ihre Bewertungskriterien und ihre Funktionsweisen. Ein Teil dieses Wissens ist jedoch nicht so ohne Weiteres zugänglich, da es in verinnerlichter und verkörperlichter Form vorliegt. Es braucht neue Methoden, um überhaupt an dieses Wissen heranzukommen. Das Fachwissen, also die theoretischen und praktischen Fertigkeiten, ist dagegen gut ausgearbeitet und steht in den meisten Aktivitäten der Kulturvermittlung ohnehin im Zentrum. Beide Teile des Wissens, explizites wie implizites, sind nötig, um sich im Bereich der legitimierten Kultur bewegen zu können.

... auf dem Prüfstand: *Die Kunstnäher_innen*

Im Praxisprojekt *Die Kunstnäher_innen* sollte die rationale Kulturvermittlung Realität werden. *Die Kunstnäher_innen* entstand aus einer Kooperation zwischen dem Institute for Art Education IAE der Zürcher Hochschule der Künste und der Fachstelle schule&kultur der Bildungsdirektion des Kantons Zürich. Alle zwei bzw. drei Jahre veranstaltet die Fachstelle das Festival *Blickfelder. Künste für ein junges Publikum.* In dem rund zweiwöchigen Programm finden sich internationale Gastproduktionen der zeitgenössischen Theaterszene, Aufführungen, Lesungen, Konzerte, Ausstellungen und Angebote der lokalen Kulturinstitutionen sowie eigens beauftragte partizipatorische künstlerische Projekte mit Schüler_innen.

In erster Linie richtet sich *Blickfelder* an die Schulen des Kantons und lädt Lehrpersonen ein, mit ihren Klassen die Aufführungen zu besuchen. Es gibt aber auch ein großes öffentliches Angebot, das von Festival zu Festival stärker frequentiert wurde. Die Verantwortlichen begannen sich zu fragen, wer diese »freien« Besucher_innen eigentlich sind und welches Interesse am Festival sie mitbringen. Daher beauftragten sie im Jahr 2011 das IAE mit einer Studie zu den Einstellungen und Perspektiven von Erziehungsberechtigten, die *Blickfelder* mit ihren Kindern besuchten. Dabei wurde festgestellt, dass die meisten der erziehungsberechtigten Besucher_innen über einen hohen Grad formaler Bildung verfügten: 60 Prozent besaßen einen akademischen Bildungsabschluss und maßen Kunst auch aus beruflichen Gründen einen hohen Stellenwert zu. Besucher_innen mit niedrigeren formalen Bildungsabschlüssen waren dagegen deutlich unterrepräsentiert.[18]

Die Verantwortlichen des Festivals entschlossen sich daraufhin, den Zusammenhängen zwischen Bildungsgrad und Kulturnutzung weiter auf den Grund zu gehen. Sie beauftragten das IAE im Jahr 2012 mit einer zweiten Studie zu der Frage, ob und wie sich *Blickfelder* künftig um eine Diversifizierung des Publikums bemühen sollte und zu welchen Veränderungen dies führen könnte. Dazu wurden Gespräche mit Jugendlichen in einem als benachteiligt geltenden Quartier Zürichs sowie mit Multiplikator_innen der freien Jugendarbeit und migrantischen Kulturarbeit geführt. Überdies wurden der Wunsch der Verantwortlichen (sowie die zunehmend erhobene Forderung der Geldgeber_innen) nach größerer Inklusivität des Festivals und die damit verbundenen impliziten Erwartungen und Zuschreibungen diskutiert. Das mündete in konkrete Empfehlungen, wie eine bessere Zugänglichkeit und größere Reichweite des Festivals zu erzielen sei – beispielsweise auf der Ebene des Programms, der Festivalorganisation, der Werbemaßnahmen oder der Mitgestaltung durch das Publikum. Die Studie bildete so die Grundlage für das Modellprojekt *Die Kunstnäher_innen*, das ab dem Sommer 2014 umgesetzt wurde und das die Beteiligung und Mitsprache von jungen Menschen an *Blickfelder* zum Ziel hatte, um damit eine größere Zugänglichkeit und Durchlässigkeit des Festivals für Jugendliche aus allen Bevölkerungsgruppen zu erreichen.[19]

Die Kunstnäher_innen nahm eine Doppelbewegung vor. Einerseits richtete das Projekt den Blick nach innen und fragte: Was tragen wir dazu bei, um Barrieren aufrecht zu erhalten? Wie müssen wir unsere Arbeit verändern, um für Personen außerhalb des legitimierten Kulturgeschehens anschlussfähig zu werden? Wie können diese Personen im Festival wirksam werden? Und zwar nicht, um dort für einen reibungslosen Ablauf zu sorgen, sondern damit ihre Perspektiven den Betrieb irritieren, in Bewegung bringen, verändern und so weitere Barrieren abbauen können. Andererseits ging der Blick nach außen: Welche kulturellen Praktiken haben junge Leute, die von der legitimierten Kultur nicht eingeladen sind? Wie können die Ressourcen, Techniken, Methoden und Fähigkeiten des Kulturbereichs genutzt werden, damit diese jungen Leute ihre eigenen Ausdrucksformen entwickeln, verfeinern und in den kulturellen Kanon einbringen können? Wie können wir als Institution für diese uns unbekannten kulturellen Praktiken aufnahmefähig werden – und zwar ohne sie für unsere Zwecke zu vereinnahmen?

Widersprüche statt Best Practice

Ich selbst habe in dem Projekt verschiedene Rollen eingenommen. Ich habe die vorgelagerte Studie erarbeitet und darauf aufbauend den Projektentwurf für *Die Kunstnäher_innen* entwickelt. Im ersten halben Jahr nach Bewilligung des Projekts habe ich Strukturen aufgebaut, zwei Mitarbeiterinnen eingestellt und mit ihnen die Akquise der Jugendlichen organisiert. Als die Arbeit mit den Jugendlichen begann, schied ich bedingt durch Zwillingsnachwuchs aus dem Projekt aus und stieß erst im letzten Halbjahr, als das Festival vorbei und die Arbeit mit den Jugendlichen beendet war, wieder dazu, um die Fülle der Daten zu sichten, Erkenntnisse daraus zu formulieren und einen Bericht zu schreiben.

Mein zwischenzeitliches Ausscheiden aus dem Projekt war für die Projektorganisation ungünstig. Gleichzeitig schuf es die besondere

Situation, die Ereignisse aus der nachträglichen Perspektive distanziert wahrnehmen und mit den Erwartungen und Hoffnungen der Anfangszeit abgleichen zu können. Es stellte sich dabei so manche Überraschung ein, teilweise auch eine gewisse Beschämung über die eigene Naivität. Es ist ein großes Privileg, dass auch solche Gefühle als Quelle der Erkenntnis dienen durften und nicht von einem hochglänzenden Firnis von Erfolgserzählungen zugedeckt werden mussten. Dies ist vor allem der vertrauensvollen und ernsthaften Zusammenarbeit mit dem Förderer des Projekts zu verdanken, der Stiftung Mercator Schweiz.

Die Kunstnäher_innen war ausdrücklich einer rationalen Kulturvermittlung verpflichtet. Es gab umfangreiche praktische Erfahrungen und theoretische Vorarbeit zum Thema. Trotzdem – oder gerade deswegen? – lief das Projekt alles andere als geradlinig und an vielen Stellen auch konflikthaft ab. Denn die Praxis ist kompliziert, gerade weil wir es auf allen Seiten mit tief sitzenden Einstellungen zu tun haben, die zunächst überhaupt erkannt und dann überwunden werden müssen. Das ist ein langsamer und mühsamer Prozess, der nicht ohne Rückschläge auskommt. In der täglichen Arbeit derjenigen, die sich um Teilhabegerechtigkeit bemühen, stellt das eine große Herausforderung dar: Wo fange ich an? Welche Ziele stecke ich? Warum funktionieren bestimmte Dinge einfach nicht?

Deswegen gibt es dieses Buch. Es zeigt kein Best-Practice-Beispiel, sondern will die Erfahrungen des Projekts in all ihrer Widersprüchlichkeit schildern und sie den Kolleg_innen im Arbeitsfeld der Kulturvermittlung für ihre eigene Praxis zur Verfügung stellen.

Zum Inhalt des Buches

Zunächst beschreibe ich knapp das Projekt *Die Kunstnäher_innen*, um die Orientierung im Beispiel zu erleichtern. Ausgehend von markanten Situationen des Projekts gehe ich dann den dahinter liegenden Anliegen und Konflikten auf den Grund. Ich liefere keine Patentrezepte, sondern lege das Ringen um eine neue Praxis der Kulturvermittlung offen – eine Praxis, die in vielen Teilen erst noch entwickelt werden muss.

Eine große Hilfestellung dafür ist ein theoretischer Bezugsrahmen, der die Schwierigkeiten der Praxis einzuordnenden ermöglicht. Deswegen gibt es in diesem Buch einen Beitrag von Markus Rieger-Ladich, Professor für Erziehungswissenschaften und Institutsleiter an der Universität Tübingen. Er führt in die soziologischen Analysen von Pierre Bourdieu ein, die seit ihrer Entstehung in den 1970er Jahren nichts von ihrer gesellschaftspolitischen Schärfe verloren haben, und illustriert ihre Bedeutung für das Arbeitsfeld der Kulturvermittlung. Bourdieu hat mit so zentralen Konzepten wie dem Habitus sowie seiner Theorie der sozialen Felder und der verschiedenen Kapitalformen einen Interpretationsrahmen geschaffen, der auf dem vor uns liegenden unübersichtlichen Terrain von größtem Wert ist. Dieser Rahmen kann erklären, warum das Unterfangen einer auf mehr Teilhabe ausgerichteten Kulturvermittlung an bestimmten Stellen immer wieder stockt, und dafür sensibilisieren, welchen Anteil daran nicht die Eingeladenen, sondern vor allem wir Kulturschaffenden selbst haben.

Dieses Buch soll eine Unterstützung sein und eine Inspiration für alle, die mit ihrer Arbeit im Kulturbereich zu einer gerechteren Verteilung von gesellschaftlichen Ressourcen beitragen wollen. Es soll ihnen Mut machen, rationale Kulturvermittlung selbst auszuprobieren und in Kauf zu nehmen, dass man dabei keine schnellen Erfolge erzielt, sondern auch ganz unglamourös scheitern kann – und dennoch nicht aufgeben muss.

1 United Nations Educational, Scientific and Cultural Organization (2006): *Road Map for Arts Education. Building Creative Capacities for the 21st Century.* Lissabon, S. 3. http://www.unesco.org/new/fileadmin/MULTIMEDIA/HQ/CLT/CLT/pdf/Arts_Edu_RoadMap_en.pdf
2 Positionspapier des Nationalen Kulturdialogs Schweiz von 2016, https://www.bak.admin.ch/dam/bak/de/dokumente/kulturelle_teilhabe/publikationen/positionspapier_kulturelleteilhabe.pdf.download.pdf/positionspapier_kulturelleteilhabe.pdf.
3 Kulturvermittlung wird vor allem in der Deutschschweiz und zunehmend auch in Deutschland als Sammelbegriff für die Auseinandersetzung mit den Künsten zum Zweck der Bildung, der Information oder des Austauschs verwendet. Analog dazu ist der Begriff »kulturelle Bildung« gebräuchlich. Zum Begriff und seiner Verwendung siehe Carmen Mörsch (2013): *Zeit für Vermittlung. Eine online Publikation zur Kulturvermittlung.* Institute for Art Education IAE der Zürcher Hochschule der Künste im Auftrag von Pro Helvetia. Abrufbar unter: www.kultur-vermittlung.ch/zeit-fuer-vermittlung
4 Jens Maedler (2008): *TeilHabeNichtse. Chancengerechtigkeit und kulturelle Bildung.* München: kopaed.
5 Pierre Bourdieu (2001): *Wie die Kultur zum Bauern kommt. Über Bildung, Schule und Politik.* Margareta Steinrücke (Hrsg.), Hamburg: VSA-Verlag. S. 46f.
6 Bundesamt für Statistik (2011): *Kulturverhalten in der Schweiz. Eine vertiefende Analyse – Erhebung 2008.* Neuchâtel; und Bundesamt für Statistik (2016): *Das Kultur- und Freizeitverhalten in der Schweiz. Erste Ergebnisse der Erhebung 2014.* Neuchâtel.
7 Beispielsweise das 2. Jugend-Kultur-Barometer: Susanne Keuchel/Dominic Laue (2012): *Zwischen Xavier Naidoo und Stefan Raab... .* Köln: ARCult Media; oder die vom Rat für Kulturelle Bildung initiierte Studie *Eltern/ Kinder/ kulturelle Bildung. Horizont 2017* (durchgeführt vom Institut für Demoskopie Allensbach). Essen.
8 Vgl. Raymond Williams (1958): »Culture is ordinary«, in: Norman McKenzie (Hrsg.): *Convictions.* London: Chatto & Windus.

9 Vgl. Paul Willis (1990): *Common Culture: Symbolic work at play in the everyday cultures of the young*. Boulder: Westview Press.
10 Tony Bennett/Mike Savage/Elisabeth Silva/Alan Warde/Modesto Gayo-Cal/David Wright (2009): *Culture, Class, Distinction*. London: Routledge.
11 Bennett et al. weisen darauf hin, dass der Wert des kulturellen Kapitals außerhalb der relativ geschlossenen Zirkel der Hochkultur nicht so einfach erkannt wird. Sie stellen fest, dass die Angehörigen der unteren Gesellschaftsschichten keine ungerechten kulturellen Hierarchien beklagen und daher wahrscheinlich auch nicht davon ausgehen, dass das Beherrschen der legitimen Kultur ein Privileg sein könnte, zu dem ihnen der Zugang verwehrt ist. Vgl. Ebd. S. 253.
12 Ebd. S. 254
13 Ebd. S. 259
14 Ebd. S. 252
15 Vgl. María do Mar Castro Varela/Nikita Dhawan (2009): »Breaking the Rules. Bildung und Postkolonialismus«, in: Carmen Mörsch und das Forschungsteam der documenta 12 Vermittlung: *Kunstvermittlung. Zwischen Kritischer Praxis und Dienstleistung auf der documenta 12. Ergebnisse eines Forschungsprojekts*. Zürich/Berlin: diaphanes, S. 350.
16 Bourdieu, *Wie die Kultur zum Bauern kommt*, S. 152.
17 Ebd. S. 24.
18 Carmen Mörsch (2011): *Die Elternfalle. Erhebung der Einstellungen von Besucher_innen mit Erziehungsverantwortung auf dem Festival »Blickfelder«*, Institute for Art Education IAE der Zürcher Hochschule der Künste.
19 Wanda Wieczorek (2013): *Altstetten erklärt Blickfelder die Welt*, Institute for Art Education IAE der Zürcher Hochschule der Künste.

DAS PROJEKT.
DIE KUNSTNÄHER_INNEN

Bist Du zwischen 14 und 18 Jahre alt? Hast Du Lust, zusammen mit anderen Jugendlichen die Zürcher Kulturwelt kennenzulernen und Deine eigene Kreativität auszuleben? Dann bist Du bei uns richtig!

»Wir sind Blickfelder!« ist eine Gruppe von fünfzehn Jugendlichen aus dem Kanton Zürich. Einmal pro Woche treffen wir uns, um zusammen hinter die Kulissen der großen Kulturveranstalter zu schauen, Künstler_innen kennenzulernen und mit ihnen kreative Ideen auszuprobieren. Außerdem denken wir uns eigene Projekte aus, die im Festival Blickfelder 2016 auf großer Bühne gezeigt werden können.

Unser Ziel ist es, die Zürcher Jugendlichen mit dem nötigen Wissen und Können auszustatten, um sich in der aktuellen Kulturszene Platz und Gehör zu verschaffen

(Aus dem Werbeflyer zur Teilnahme am Projekt)

Teilnehmer_innen gewinnen

Die Kunstnäher_innen war ein Praxis-Forschungsprojekt und stellte eine Reihe von Fragen: Welche Voraussetzungen müssen gegeben sein, damit sich junge Leute ohne biografisch vorgeebneten Zugang einen Platz in der Kulturwelt verschaffen können? Wollen sie das überhaupt? Welche Strukturen müssen dafür eingerichtet werden? Das Projekt hatte einen Vorschlag in der Hand, wie es gehen könnte, aber die Antworten mussten von denjenigen kommen, die nicht bereits vor Ort waren. Der erste Schritt war also, junge Menschen zu gewinnen, die Auskunft geben wollten.

Das Team erarbeitete zwei künstlerische Workshops, die einen plastischen Eindruck vermitteln sollten, was in diesem Projekt mit »Kultur« gemeint sein könnte, und die zum Mitmachen einluden. Dann besuchte das Team Berufswahl- und Sekundarschulen sowie Jugendzentren im gesamten Kanton und stellte den Jugendlichen das Projekt mit Hilfe der Workshops vor. Es wurde für die Mitarbeit ein Honorar in Aussicht gestellt, sowie die Übernahme sämtlicher Eintritts- und Fahrtkosten sowie ein Zertifikat der Hochschule. Der Aufruf zur Teilnahme wurde auch im Schulblatt und in Rundbriefen des Sozialamts veröffentlicht, an Lehrer_innen, Jugendarbeiter_innen und weitere Multiplikator_innen geschickt.

Am ersten Schnuppertreffen nahmen 22 Jugendliche teil, die sich allesamt verbindlich zur Teilnahme anmeldeten. Ihre Erfahrungen mit der Kulturwelt reichten von »Ja doch, wir waren schon oft mit der Schule im Theater und ich möchte eine gestalterische Ausbildung machen« bis hin zu »Äh, keine Ahnung, ich hab' mittwochs noch nichts vor und das mit dem Geld ist auch super«.

Eintauchen in die Welt der legitimierten Kultur

Die erste Projektphase ab März 2015 diente dem Eintauchen in die Welt der »legitimierten Kultur« und bestand darin, die Institutionen und Regeln der Kunstwelt sowie verschiedene künstlerische Arbeitsweisen kennenzulernen. Während der Treffen unternahmen die Jugendlichen Exkursionen in Kulturinstitutionen, führten Gespräche mit den Mitarbeitenden, stellten Beobachtungen an, arbeiteten in praktisch-künstlerischen Workshops und zeigten ihre Entwürfe und Produkte. Die Workshops wurden je nach Thema mit unterschiedlichen Künstler_innen und Vermittler_innen durchgeführt.

Ursprünglich war geplant, mit einer festen Gruppe von maximal zwölf Jugendlichen wöchentliche Workshops durchzuführen. Da man den 22 angemeldeten Jugendlichen nicht absagen wollte, nun da ihr Interesse geweckt war, wurde das Vorgehen geändert: Die Jugendlichen wurden auf zwei kleinere Gruppen aufgeteilt, die zweiwöchentlich zu separaten Treffen zusammenkamen. Als Orte für die Treffen nutzten sie Räume an der Hochschule sowie einen Bauwagen außerhalb des Gebäudes. Soweit möglich, fanden Workshops auch in den Räumlichkeiten der Kulturinstitutionen statt.

Produktionen für das Festival

In der zweiten Projektphase ab September 2015 stand an, die gewonnenen Erfahrungen im *Blickfelder*-Festival produktiv zu machen. Es sollten drei künstlerische Projekte entwickelt werden (gegebenenfalls in Zusammenarbeit mit weiteren Kulturschaffenden), welche die Interessen der Teilnehmer_innen spiegeln und im Rahmen des Festivals öffentlich präsentiert werden sollten. Da zahlreiche Teilnehmer_innen der ersten Phase zwischenzeitlich eine Ausbildung begannen oder neue Schulen besuchten, schieden sie aus dem Projekt aus und es wurden neue Jugendliche geworben, die etwa die Hälfte der nunmehr 17 Personen starken Gruppe ausmachten. Diese Gruppe traf sich wöchentlich und erarbeitete Themen und Gestaltungsideen für ihre Beiträge zum Festival. So entstand in Zusammenarbeit mit einer Architektin und einer Animatorin ein großformatiger Beitrag für das Festivalgelände – das *Time Out*-Labyrinth.

Medien und Strategien für eine andere Öffentlichkeitsarbeit

Auch in die Konzeption, Realisierung, Evaluation und Weiterentwicklung von Informationsmedien zum Festival und den dazugehörigen Verbreitungsformen sollten junge Leute einbezogen werden. Unter dem Motto *Wir füllen eure Säle* wurde eine kleine Gruppe von Jugendlichen gewonnen, die sich für grafische und textliche Produkte interessierten. In Kooperation mit einem grafisch versierten Kulturvermittler sollten sie eine eigenständige Kommunikationsstrategie für *Blickfelder* entwerfen und umsetzen, die an die mediale Praxis junger Menschen anknüpfte. Sie produzierten eine Reihe von Werbemitteln, verteilten sie und untersuchten teilweise auch die Resonanz auf ihre Maßnahmen.

Ein Weiterbildungsmodul für Schulen

Parallel zur Arbeit mit den Jugendlichen erarbeitete das Projektteam ein Weiterbildungsmodul, das den Schulklassen des Kantons die selbstständige Auseinandersetzung mit dem zeitgenössischen Kunstfeld ermöglichen und in die Produktionsbedingungen von Kunst einführen sollte. Der sogenannte *Kunstkasten* wurde in drei Versionen (Musik, Bildende Kunst, Tanz/Theater) hergestellt. Er enthielt jeweils zwei Videointerviews mit Künstler_innen, die zu ihrem Werdegang, ihren Arbeitsweisen, ihrer Positionierung im Kunstfeld, ihren Zielen in Bezug auf die Vermittlung der eigenen Arbeit sowie zu Mythen und Begriffen der Kunstwelt Stellung nahmen. Des Weiteren enthielt er einen Aufgabenkalender zum praktischen Ausprobieren künstlerischer Verfahren der Portraitierten und zu den Spielregeln und Funktionsweisen der Künste, außerdem eine Videoeinführung in die Verwendung des Kastens sowie in das *Blickfelder*-Festival. Als kleines Heftchen wurde ein Glossar beigelegt, das Begriffe der Kunstwelt auf allgemein verständliche Weise erklärt. Die Anwendung des Kastens wurde auf fünf Lektionen ausgelegt. Bis zum Ende des Projekts im Herbst 2016 wurden die 100 produzierten Kästen kostenfrei an die Schulen des Kantons verteilt.

Arbeit an den eigenen Voraussetzungen

Ein Grundmotiv des Projekts war die Reflexion der Erwartungen und Motivationen der Projektverantwortlichen. Sie sollte die gesamte Projektlaufzeit begleiten und auch die Mitarbeitenden der beiden beteiligten Institutionen miteinbeziehen. Es waren daher regelmäßige Arbeitssitzungen geplant, in denen sich die Beteiligten mit ihren persönlichen Voraussetzungen für ihre Position und Arbeit in der Kulturwelt beschäftigten. Die Sitzungen sollten außerdem der kontinuierlichen Reflexion der Ereignisse im Projekt dienen und damit eine Grundlage dafür schaffen, dass die Erfahrungen und Erkenntnisse in die Arbeitsstruktur der Fachstelle schule&kultur einfließen. Zum Ende des Projekts sollte nämlich ein Organisationsmodell für die Fachstelle entwickelt werden, das zukünftig auf allen Ebenen des Festivals die Mitwirkung und Mitentscheidung von Jugendlichen sicherstellen würde.

Datenerhebung und Dokumentation

Während des Projekts haben Teilnehmer_innen und Projektmitarbeiter_innen ihre Erfahrungen und Gedanken laufend dokumentiert, so dass ein umfangreicher Materialbestand an Sitzungsprotokollen, Gesprächen, Interviews, Memos, Texten, Zeichnungen, Fotos und weiterem entstand. Aus diesem Fundus schöpfte der abschließende Projektbericht, der auch die Grundlage für die vorliegende Publikation bildet.

Die Kunstnäher_innen fand zwischen Juli 2014 und Dezember 2016 statt und wurde durch die Stiftung Mercator Schweiz und das Volksschulamt des Kantons Zürich gefördert.

Organisiert und realisiert wurde das Projekt durch das Institute for Art Education IAE der Zürcher Hochschule der Künste mit Carmen Mörsch (Instituts- und Projektleitung), Frederike Dengler, Katarina Tereh, Nora Schiedt, Julia Weber (Projektmitarbeit), Wanda Wieczorek (Projekteinreichung und -auswertung) und Angela Sanders (Interims-Projektleitung)

zusammen mit der Fachstelle schule&kultur der Bildungsdirektion des Kantons Zürich mit André Grieder (Leiter Fachstelle und Projektsupervision), Julia Frehner, Silvia Hildebrand, Beat Krebs und Tanja Stauffer (Team *Blickfelder*).

Beteiligt waren
Shenn Adank, Dillon Baumli, Elisa Rafaela Costa Duarte, Bunjan Ejupi, Yasin (Jason) Emer, Marco Espiritu, Laura Graf, Victoria Grausgruber, Jan Gubser, Fehim Halilovic, Monika Hanke, Philipp Hildt, Malaika Joss, Nyuga Karunainathan, Hanna Keilhack, Kimberley Kistler, Anouk Xenia Koran, Mergim Kurti, Chiara Langone, Ryan Leisi, Jorina Meier, Virgilia Möckli, Djawad Mohammadi, Hajrije Morina, Maha Nater, Lucrezia Omlin, Terrya Poun, Laurence Rapp, Sefer Sefaj, Tanja Sennhauser, Jasmin Sgier, Linda Sierra, Elizaveta Skargina, Jetart Spahiu, Sophia Stewart, Gioia Tiefenthaler, Moritz Tschannen, Ayana Vasquez und Cheryl Zurbriggen

sowie
die Mentor_innen des Projektteils *Time Out*, Dominique Kühnhanss und Moni Pellet, der Mentor des Projektteils *Wir füllen Eure Säle* und Grafiker des *Kunstkastens*, Alex Schauwecker, zahlreiche weitere Künstler_innen und Kulturschaffende

und der Beirat des Projektes mit
Lea Bähler/Kulturstiftung Pro Helvetia, Petra Bäni/Schweizerisches Bundesamt für Kultur, Markus Rieger-Ladich/Universität Tübingen, Patric Schatzmann/Stiftung Mercator Schweiz, Wanda Wieczorek/Institute for Art Education.

IN DER PRAXIS.

*PROBIEREN, STOL
PERN*

UND DAZULERNEN

[1] MACHT MIT, WARUM AUCH IMMER, ABER SEID VOLL DABEI!

Über verschiedene Motive kultureller Aktivität und den Umgang mit abweichenden Nutzenerwartungen

Es ist 18:50 Uhr, um 19 Uhr beginnt das Treffen. Die Projekt-Mitarbeiterinnen bereiten den Raum vor. Ein Teilnehmer kommt, setzt sich auf die Treppe, holt die Kopfhörer heraus und hört Musik. Eine der Mitarbeiterinnen möchte mit einer schweren Kiste die Treppe hinuntergehen, kommt aber nicht an dem Teilnehmer vorbei. Sie sagt zu ihm: »Kannst du mir die Kiste abnehmen?« Widerwillig nimmt er die Kopfhörer ab, schaut auf die Uhr und sagt: »Nein, es ist erst 5 vor 7. Ich bin erst ab 7 bezahlt.« Er zieht seine Kopfhörer wieder auf und bleibt sitzen

(Rückblick Projektmitarbeiterin)

Im Projekt *Die Kunstnäher_innen* wurden die Jugendlichen bezahlt.[1] Der Lohn war an die im Teilnahmevertrag geregelte »erfolgreiche Teilnahme am Projekt« gekoppelt. Zum Abschluss erhielten sie außerdem ein Zertifikat der Zürcher Hochschule der Künste.

Einige Teilnehmer_innen betrachteten das Geld als erfreulichen Bonus zu einem ohnehin spannenden Angebot. Für andere bedeutete es die Möglichkeit, am Projekt teilnehmen zu können, weil sie in dieser Zeit nicht mit einem anderen Job Geld verdienen mussten. Manche wurden überhaupt erst durch den finanziellen Anreiz darauf aufmerksam.

Geld war jedoch bei weitem nicht der wichtigste Nutzen für die Teilnehmer_innen der *Kunstnäher_innen*. Viel häufiger nannten sie soziale Beziehungen als Beweggrund: zusammen mit den Freunden abhängen, Sachen machen, Zeit verbringen – das gab den Ausschlag für die Entschei-

Warum mitmachen?

> Was bringt Personen dazu, an kulturellen Angeboten teilzunehmen?
>
> Woher kommt überhaupt das Interesse an Kultur?
>
> Welche Motive für die Teilnahme an Kultur sind denkbar?
>
> Wie können Menschen mit ganz unterschiedlichen Zugängen zur Kultur an einem Kulturprojekt zusammenarbeiten?

dung der meisten Teilnehmer_innen. Viele kamen in Grüppchen von zwei bis vier Personen dazu (und stiegen teilweise auf diese Art auch wieder aus). Manche Teilnehmer_innen hatten an der Berufsfachschule Berufe im kreativen Sektor kennengelernt. Für sie waren die Profilierung in ihrem künftigen Arbeitsbereich bzw. eine größere Vertiefung hin zu freien gestalterischen Prozessen (die in ihrer Lehre keine große Rolle mehr spielten) sowie die Möglichkeit, von Kunstschaffenden zu lernen, gewichtige Argumente.

In der Bekanntmachung und Bewerbung des Programms wurden diese unterschiedlichen Motive ausdrücklich genannt: »Ihr könnt hier coole Sachen machen und Euch von Expert_innen eine Menge abgucken«, »Bringt doch Eure Freunde zum ersten Treffen mit«, »Ihr werdet bezahlt, genauso wie wir, weil wir zusammen an einem Forschungsprojekt arbeiten« und so fort.

Aber wieso werden junge Leute für die Teilnahme an einem solchen Projekt bezahlt? Ihnen wird doch ein ganzes Füllhorn an Workshops, Ausflügen und exklusiven Einblicken geboten! Sogar die Fahrkarte zu den zweiwöchentlichen Treffen bekommen sie erstattet – muss das sein? Diese Bedenken klingen plausibel. Erst recht, wenn man sich eine Situation wie die oben geschilderte vor Augen führt, in der die Bezahlung zu unkollegialem Verhalten führte. Bevor ich die Idee mit der Bezahlung jedoch als Unsinn verwerfe, möchte ich einige grundsätzliche Fragen zu den Motiven der Teilnahme stellen.

Die Falle der Freiwilligkeit

Warum nehmen Personen kulturelle Angebote wahr? Weil sie sich dafür interessieren. Und warum interessieren sie sich dafür? Weil sie es so gelernt haben. Im Gegenzug lautet die Frage: Warum sollten Personen teilnehmen, denen so ein Interesse nicht beigebracht wurde? Die nicht über die innere Motivation zu kultureller Aktivität verfügen, wie es die bereits Teilhabenden tun? Die keine Vorstellung davon haben, was die Kultur-

[1] Macht mit, warum auch immer, aber seid voll dabei!

welt ihnen »Gutes tun« könnte? Und, wenn man auf die Konzentration des Interesses in den oberen gesellschaftlichen Schichten blickt, könnte man noch hinzufügen: Warum sollten sie sich in einen ihnen unbekannten gesellschaftlichen Raum bewegen, der ihnen nichts sagt, weil seine Sprache in Bildern, Worten, Architektur, Mode usw. nicht die ihre ist, und weil ihnen diese Sprache überdies vermittelt, nicht gemeint zu sein und nicht dazu zu gehören? Sie werden es nicht tun und es ist nicht zu erwarten, dass sich durch ein Mehr an kulturellen Angeboten etwas daran ändern wird.

Wenn sich Kulturinstitutionen also an Personen wenden wollen, die nicht bereits zu den Teilhabenden gehören, dann ist es zentral, dass sie nicht nur an die intrinsische Motivation appellieren. Denn Wollen setzt voraus, dass jemand bereits weiß, worin der Nutzen für sie/ihn liegt. Wer dies aber noch nicht weiß, oder wer sogar eine Ablehnung oder Beschämung erwarten muss, dem/der muss ein anderer Nutzen in Aussicht gestellt werden. Das bedeutet, dass Kulturinstitutionen ihre Angebote auf mögliche Motive hin abklopfen, die sonst womöglich eher als Nebeneffekte betrachtet werden: Unterhaltung und Ablenkung, mit Freunden abhängen und neue Leute treffen, das Lernen von Expert_innen, bessere Chancen am Ausbildungs- und Arbeitsmarkt, Ressourcen (Räume, Geld usw.) für die Umsetzung eigener Interessen oder Geldverdienen sind legitime Motive für die Teilnahme am Kulturgeschehen (und abgesehen davon auch für bereits involvierte Personen von Bedeutung, wenn sie meist auch nicht offen geäußert werden). Für die Einladung und Ansprache neuer Personenkreise können solche Nutzenerwartungen ein Türöffner werden, der die diffuse Erwartung an das mitzubringende »Interesse an Kultur« durch die Aussicht auf konkreten Nutzen ersetzt.

Für *Die Kunstnäher_innen* hieß das, die Jugendlichen für ihre Mitarbeit zu bezahlen. Es sollte einen monetären Gegenwert geben für ihr spezifisch situiertes Wissen, das sie durch die Teilnahme am Projekt mit der Fachstelle schule&kultur und dem IAE teilten. Und es sollte ausdrücklich der Anreiz geschaffen werden, sich ohne ein bereits vorhandenes Interesse an der Kulturwelt auf das Programm einzulassen. Diese Entscheidung schuf neue Widersprüche.

»XY ist nur wegen dem Geld dabei« beschwerten sich einzelne Teilnehmer_innen bei der Projektleitung. Sie selbst würden auch ohne Bezahlung kommen und es nerve sie, dass diese Anderen schlechte Stimmung verbreiteten und das Projekt behinderten. Die Bezahlung bot also nicht nur einen neuen und egalitären Zugangsweg. Sie schuf auch Anlass für die bewusste Abgrenzung der Jugendlichen untereinander: Diejenigen mit mehr »symbolischem Kapital«[2] (formuliert als intrinsisches Interesse) setzten sich von denjenigen mit weniger »symbolischem Kapital« (diffamiert als bloßes finanzielles Interesse) ab.

Ich würde nicht an der Zhdk studieren, weil ich nicht der Typ bin der gerne in der Schule ist und gerne lernt. Ausserdem verdient man auch nichts.

Ich würde an der Kunsthochschule studieren, weil...
Ich gerne in einem kreativen Umfeld arbeiten würde.

Ich würde an der ZHdK studieren, weil Künstler coole Leute sind.

Ich würde nicht an der ZHdK studieren, weil ich mich zwischen vielen richtig talentierten Menschen extrem untalentiert fühlen würde.

Ich würde an der Kunsthochschule studieren weil...
- ich nachher mehr Auswahl habe beim auswählen meines Berufes.
- ich nachher ein erweitertes Fachwissen habe & selber eine Firma Gründen könnte.

Ich will, dass du willst.

Gleichzeitig sahen die Projekt-Mitarbeiterinnen ihre eigenen Einstellungen herausgefordert. Während sie selbst aus Interesse beteiligt waren, hohes Engagement und persönliche Ressourcen einbrachten, nahmen einige Teilnehmer_innen für sich in Anspruch, ihre Mitarbeit wie einen (manchmal lästigen) Job zu behandeln. Sie verweigerten sich der Aufforderung der Kulturwelt, eine gewisse Begeisterung zu entwickeln und den unantastbar hohen und universalen Wert der Kultur für sich anzuerkennen.

Diese Spannung ist nicht leicht auszuhalten, denn sie rührt auch bei den Profis der Kulturvermittlung an verinnerlichten und mit der eigenen Persönlichkeit regelrecht verschmolzenen Wertmaßstäben. Es kann durchaus als Kränkung empfunden werden, wenn andere Personen solch grundlegende Prioritäten nicht teilen und das Bemühen um sie und um das gemeinsame Projekt missachten. Aber sie muss ausgehalten werden, will man nicht erneut in die Falle tappen, die eigene erlernte Haltung zur Kultur für allgemein erwartbar zu halten. So oder so: Dass manche Teilnehmer_innen dabei Vereinbarungen nicht einhalten oder sich unkollegial benehmen, bleibt unerfreulich.

Engagement, Pünktlichkeit, Anwesenheit, Mitarbeit und Verantwortung für den Gruppenprozess mussten im Projektverlauf oft genug eingefordert werden. Der Teilnahmevertrag legte zwar den Modus fest, wie miteinander gearbeitet werden sollte und an welche Bedingungen die Auszahlung des Lohns und das Ausstellen des Zertifikats geknüpft waren. Im Detail half der Vertrag jedoch nicht immer weiter. Wie früh ist beispielsweise »frühzeitiges Bescheidgeben«, dass man am Treffen nicht teilnehmen wird? Auch noch zwei Minuten vor Beginn des Treffens? Den Mitarbeiterinnen fiel unweigerlich die Rolle der Disziplinarperson zu, die den vereinbarten Arbeitsmodus durchzusetzen hatte. Da sich ein gemeinsamer Arbeitsmodus jedoch nicht lückenlos aus einem Vertrag ableiten lässt, prallten im Laufe des Projekts die verschiedenen Selbstverständnisse teilweise schmerzhaft aufeinander. Die Bezahlung wirkte dabei teilweise wie ein Katalysator, denn sie spitzte die Konflikte zu, wie eine der Mitarbeiterinnen treffend analysierte: »Üblicherweise steigen Teilnehmer_innen aus, wenn die Passung zwischen ihnen und dem Projekt, der Leitungsperson oder den anderen Teilnehmenden nicht stimmt.« Diese Erfahrung machen Kulturvermittler_innen ständig. So ergibt sich meist eine funktionierende, weil im Hinblick auf die Motivation recht homogene Gruppe. Dies war bei den *Kunstnäher_innen* nicht der Fall. Niemand stieg zwischendrin aus. Der Lohn blieb ein Anreiz, auch wenn sich womöglich keine Begeisterung für das Projekt einstellte.

[1] Macht mit, warum auch immer, aber seid voll dabei!

»Wollen« haben wir im Projekt nicht unbedingt erwartet. Es lässt sich nicht verordnen und auch nicht mit Geld erkaufen. Aber mit konkreten Anreizen kann immer wieder Motivation hergestellt werden, auf vielen verschiedenen Wegen und für jede Person anders: Ein klar formulierter Teilnahmevertrag gibt Strukturen vor, um formale Ziele wie beispielsweise ein Zertifikat zu erreichen. Gespräche über die gegenseitigen Erwartungen und die Wünsche heben auf das soziale Miteinander ab. Die Entlohnung der Teilnahme – vielleicht auch nur für einzelne Zusatzaufgaben, die im Projekt anfallen – schafft einen finanziellen Anreiz. Ein vielseitiges Programm bietet Anschlüsse für alle, die sich in den Inhalten wiederfinden. In jedem Fall gilt es damit umzugehen – und es zu begrüßen –, dass es viele verschiedene Motive gibt, an einem Projekt teilzunehmen und dabei zu bleiben.

→ **Keine freiwillige Teilnahme erwarten.**

→ **Optionen zur intrinsischen Motivation schaffen.**

→ **Alternative Nutzenerwartungen berücksichtigen und selbst vorschlagen.**

→ **Passungskonflikte aushalten und bearbeiten.**

Ich würde an der Kunsthochschule studieren weil ich es mag kreativ zu sein und mich sehr für Musik, Film, Design und vorallem Tanzen interessiere

Ich würde an der Zhdk studieren weil ...
- ich Neues lernen kann.
- ich gern kreativ bin.
- ich nach der Lehre noch mehr machen möchte.
- ich neue Menschen kennenlerne, die sich für dasselbe interessieren.

Wieso nicht die Kunsthochschule:

- Ich weiss nicht ob ich so eine Herausforderung an so einer Schule bewältigen kann

- Ist für mich selber etwas Neues → bin unsicher

Ich würde nicht an der Kunsthochschule studieren, da ich vielleicht mein Studium nicht finanzieren könnte und das Geld brauche. Ich habe verschiedene Fähigkeiten und kann viele nützen ohne zu studieren.

Ich würde nicht an der Kunsthochschule studieren, wenn ~~ich~~ mir etwas dazwischen kommt.

[2] HIER KÖNNT IHR MAL ETWAS RICHTIG GROSSES MACHEN.

Wie die Erwartungen der Kulturinstitutionen zu Ermächtigung führen – oder auch zu Überforderung

Als ich die Projektidee vorstellte, kam eine beklommene Stimmung auf und es war ein Ausruf der Angst zu hören. Ich fragte, was dieser Ausruf bedeutet. Eine Teilnehmerin formulierte, dass ihr dieses Vorhaben Respekt einflößt, bzw. dass sie die Aufgabe schwierig findet und Angst vor dem Scheitern hat. Einige haben zugestimmt und von Erfahrungen erzählt, in denen sie mit anderen Jugendlichen etwas organisieren wollten und es nicht geklappt hat und wie peinlich das war.

(Memo Projektmitarbeiterin)

Im Projekt *Die Kunstnäher_innen* war vorgesehen, dass die Jugendlichen – gegebenenfalls in Zusammenarbeit mit Kulturschaffenden – eigene Beiträge zum *Blickfelder*-Festival entwickeln, die dort öffentlich präsentiert werden sollten. Die Festivalverantwortlichen räumten den Jugendlichen einen realen Raum für ihre Selbstdarstellung ein und gaben ihnen den Vertrauensvorschuss, diesen auch zu füllen. Gleichzeitig sollte so die Gelegenheit geboten werden, in sehr unterschiedlichen Bereichen praktische Erfahrungen zu sammeln – was genau die Jugendlichen sich als Betätigungsfeld aussuchten und welche Art der professionellen Unterstützung sie sich dazu holten, war bewusst offen gehalten und sollte durch die Gruppe selbst bestimmt werden. Dazu erhielten sie einige Ressourcen: ein gutes halbes Jahr Vorbereitungszeit, die Expertise von Künstler_innen und Kulturvermittler_innen, Strukturierung der Arbeitsabläufe sowie Geld.

Handlungsspielräume öffnen

> Was kann man von denjenigen lernen, denen mehr Teilhabe zukommen soll?
>
> Welchen Gestaltungsspielraum und welche Ressourcen erhalten die Eingeladenen?
>
> Wie muss der Rahmen der Zusammenarbeit gestaltet sein, um Freiheit und Schutz zu gewährleisten?

Nachdem sich die Gruppe auf das Konzept des Labyrinths geeinigt hatte, wählte sie zwei Personen zur künstlerisch-technischen Begleitung, eine Architektin und eine Animatorin. Auch über den Modus ihrer Zusammenarbeit tauschte sich die Gruppe aus und fand Regeln für den Umgang miteinander.

Trotz dieser strukturellen Vorarbeit zeigten die Jugendlichen im Umgang mit dem ihnen angebotenen Möglichkeitsraum von Beginn an einige Unsicherheit. Der hohe Grad an Autonomie und Verantwortung faszinierte und schüchterte sie zugleich ein. Viele schienen auch im Laufe des Projekts kein richtiges Verständnis davon zu gewinnen, warum sie diesen Möglichkeitsraum erhalten sollten und wie er zu nutzen sei. Offenbar fiel es ihnen schwer, die Dimensionen, den Aufwand und die Komplexität eines solchen Projekts richtig einzuschätzen.

Gestaltungsmacht bekommen, ohne darum gebeten zu haben

Wenn sich Kulturinstitutionen für kulturelle Teilhabe einsetzen, dann entscheiden üblicherweise sie selbst, wer woran teilhaben soll. Sicherlich, Kulturinstitutionen sind Zentren des Wissens und der Auseinandersetzung darüber, was Kultur ausmacht. Dennoch liegt eine gewisse Anmaßung darin, über das zu bestimmen, was im Interesse derer liegen soll, denen Teilhabe gewährt wird, denn es führt meist nur zur Bestätigung der eigenen Position: Interessant und wertvoll muss das sein, was die Kultureinrichtung selbst tut oder worüber sie verfügt – schließlich ist es ihre Funktion, die als wertvoll betrachtete Kultur zu pflegen. Das ist jedoch genau die Kultur, an der offenbar viele Menschen nicht teilhaben können oder wollen. Wie also soll diese Art der Kultur plötzlich – quasi durch eine neue Methode – all die Teilhabemöglichkeiten bieten, die bislang nicht vorhanden waren? Kann man sich so sehr sicher sein, über die »richtige« Kultur zu verfügen? Oder anders gefragt: Wer hat eigentlich die Macht zu entscheiden, wer teilhaben soll und woran?

Dieses grundsätzliche Dilemma der teilhabeorientierten Kulturvermittlung wurde in den letzten Jahren vielfach diskutiert und war auch

für das Projekt *Die Kunstnäher_innen* leitend. Es berührt nicht nur das Selbstverständnis von Kulturvermittlung, sondern den Kern der Kulturinstitutionen: Sind sie bereit, sich für die Konsequenzen einer echten Teilhabe zu öffnen, ihre Inhalte und ihre Programmgestaltung ebenso wie ihre Strukturen in Frage stellen zu lassen und sich zu verändern? Angenommen, sie sagen dazu Ja, dann stellt sich immer noch die Frage: Wie soll das gehen?

Wichtige Hinweise geben die antirassistische und postkoloniale Kulturarbeit. Zahlreiche Autor_innen weisen darauf hin, dass das Infragestellen und die Transformation von Kulturinstitutionen keine interne Angelegenheit der Kulturschaffenden sein kann, sondern zusammen mit denjenigen geschehen muss, die als Zielgruppe – bzw. als »kulturferne« Personen, die mehr Teilhabe erfahren sollen – gezeichnet werden.[3] Das bedeutet, dass die Institution ausgerechnet von jenen, denen sie zu mehr

[2] Hier könnt ihr mal etwas richtig Großes machen.

kultureller Teilhabe verhelfen will, etwas lernen kann: Sie selbst sind die Expert_innen für ihre eigene Lebenslage, kennen sich mit den am eigenen Leib erfahrenen Benachteiligungen und Ausschlüssen am besten aus. Sie können am ehesten Auskunft darüber geben, welche Anteile der legitimierten Kultur sie einladen und welche sie abstoßen. Und vor allem haben sie eigene kulturelle Codes und Praktiken, die in die legitimierte Kultur oft keinen Eingang finden, weil sie abgewertet oder schlicht nicht als Kultur (an)erkannt werden.

Folglich ist es ein vielversprechender Pfad der teilhabeorientierten Kulturvermittlung, die angesprochenen Personen nicht als »Zielgruppe« einseitiger Maßnahmen der Belehrung und Erziehung, sondern als Kooperationspartner_innen zu begreifen, die genauso wie die Kulturschaffenden wertvolle und wichtige Beiträge einbringen, mit denen ein veränderter und passenderer Kulturbegriff gemeinsam entwickelt wird. Und das meint sowohl verbale als auch bewusst gestaltete oder einfach gelebte Ausdrucksweisen. Diese Beiträge brauchen Raum zur Entfaltung und aufmerksame Betrachter_innen und Zuhörer_innen. Die Partner_innen müssen in ihrem Gestaltungswillen ernst genommen und ermutigt werden und müssen die Mittel erhalten, diesen Willen umzusetzen. Sie brauchen Zugang zu den spezifischen Ressourcen der Kulturwelt, damit sie mit Hilfe dieser

[2] Hier könnt ihr mal etwas richtig Großes machen.

Ressourcen – Räume, Geld, Sichtbarkeit, Professionalität – den eigenen und dann auch den gemeinsamen Kulturbegriff weiterentwickeln können.

Für *Die Kunstnäher_innen* war daher klar: Wenn wir etwas von den Jugendlichen erfahren und ihnen die Erfahrung der Selbstwirksamkeit ermöglichen wollen, dann muss ihr Gestaltungsspielraum real sein. In der Projektvorbereitung wurde daher vereinbart, dass der Vertrauensvorschuss echt, die Ressourcen angemessen und die öffentliche Sichtbarkeit gewährleistet sein sollten.

Das Versprechen der Gestaltungsmacht kollidierte jedoch mit der Unerfahrenheit der Jugendlichen. Tatsächlich erwies sich die Realisierung des Labyrinths als eine Mammut-Aufgabe, welche die Gruppe und ihre drei Leiterinnen aufs Äußerste herausforderte und bis an die Grenze der Belastbarkeit (und darüber hinaus) führte. Der enorme Planungsaufwand frustrierte die Teilnehmer_innen. Als Ergebnis zeigten sie sich im Planungsprozess zunehmend unmotiviert und unzuverlässig, was wiederum auch auf Seiten der drei Leiterinnen – denen die Größe des Projekts und die empfundene Verantwortung alle Kraft und Konzentration abverlangten – zu Enttäuschung und Frustration führte. Auch über das Verhältnis von Freiheit und Kontrolle herrschte Uneinigkeit. Mal wurde der Wunsch nach einem »Chef« mit mehr Verantwortung laut, mal klagten die Jugendlichen über zu wenige Freiheiten.

Bemerkenswert ist in diesem Zusammenhang, dass die an beiden Projektphasen beteiligten Jugendlichen die erste Phase als kreativer erlebten als die zweite. Dabei hatten sie im ersten Teil ein vorbereitetes Programm absolviert und erst im zweiten Teil ihre eigenen Ideen ausarbeiten können. In der Wahrnehmung der Teilnehmer_innen jedoch wurde die zweite Projektphase von Konzept und Planung dominiert, was sie als weniger offenen Prozess empfanden als die Begegnung mit Kulturschaffenden und Kunstformen in der ersten Projektphase.

Der positiv entworfene Gestaltungsspielraum entwickelte sich so zu einer Belastung für die Jugendlichen, genauso wie für die Mitarbeitenden. Am Ende schien zwar alles gut zu sein – das Resultat stellte die Jugendlichen zufrieden, sie blickten mit Stolz auf die geleistete Arbeit zurück und nutzten »ihr Labyrinth« während der Festivaltage gerne. Die im Prozess empfundene Frustration kann jedoch als Indiz betrachtet werden für eine Vermischung von zwei Arbeitsvarianten, die klar unterschieden zur Anwendung kommen sollten, um Überforderung zu vermeiden:

Entweder die Projektorganisator_innen stellen basale Ressourcen bereit (Zeit, Raum, Personal), geben eventuell Impulse und technische Unterstützung, aber lassen vor allem Raum für die eigene Aktivität und Initiative der Teilnehmer_innen. Wenn sich ausgehend von den Interessen und Bedürfnissen der Teilnehmer_innen der Wunsch nach mehr Gestal-

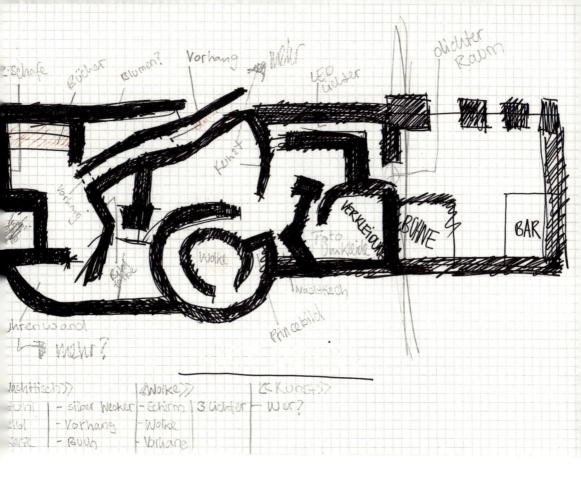

tungsmacht entwickelt, kann dieser aufgenommen und ausgehandelt werden und eventuell mit weiteren Ressourcen zur Umsetzung gelangen. Das wäre das »Modell Jugendclub«.

Oder die Projektorganisator_innen definieren selbst einen Projektrahmen mit spezifischen Inhalten, Methoden und klaren Erwartungen. Das kann durchaus zusammen mit Beteilgten geschehen. Die Herausforderung ist es aber, den Rahmen und die Erwartungen so zu gestalten, dass sie im Hinblick auf die Teilnehmer_innen angemessen dimensioniert sind. Das wäre das »Modell Vermittlungsprojekt«.

Beide Varianten sind gangbar und können in wertschätzender und anerkennender Weise ausgeführt werden. Aber sie besitzen auch klare Grenzen: Wird wie im »Modell Jugendclub« ergebnisoffen gearbeitet, kann es keine Forderungen und Wünsche an die Teilnehmer_innen geben á la »Bitte gestaltet einen Beitrag zum Festival«. Wird wie im »Modell Vermittlungsprojekt« zielorientiert gearbeitet, dürfen die Projektorganisator_innen die Verantwortung für den Prozess nicht an die Teilnehmer_innen delegieren á la »Ihr entscheidet, was Ihr machen und wie Ihr arbeiten wollt.«

→ Die Eingeladenen als Expert_innen ihrer Lebenslagen anerkennen.

→ Reale Entscheidungsmöglichkeiten zugestehen.

→ Gestellte Erwartungen und gebotene Unterstützung aufeinander abstimmen. und strukturelle Überforderung vermeiden.

Ortsbegehung auf dem künftigen Standort des Labyrinths

[3] SCHÖNE IDEE, ABER DAS PASST JETZT NICHT SO RICHTIG REIN ...

Wieviel ästhetischer Wille ist zumutbar und wer bestimmt eigentlich, was gezeigt wird?

Ich mache ein Motorrad im Steampunk-Stil, so mit Zahnrädern. Ich baue so Zeug in meiner Freizeit, aber kleinere Sachen. Ich mach Brillen oder irgendwelche Zylinder mit komischen Brillen daran für Leute und jetzt habe ich die Möglichkeit, so etwas Größeres zu machen, und das ist cool. Vom Stil: Es sieht eben recht viktorianisch aus, wie aus einem Science Fiction-Film gleichzeitig. (...) Das habe ich vorgeschlagen und ich bin mega happy, dass ich das machen darf.

(Teilnehmer im Interview)

Im Projekt *Die Kunstnäher_innen* sollte die Beteiligung am Festival den Jugendlichen einen Möglichkeitsraum bieten, ihre eigene »symbolische Arbeit« selbst als solche zu erkennen und sie, unterstützt von professionellen Kulturschaffenden, in künstlerisch-ästhetischen Praxisformen zu formulieren. Mit dem Vorschlag an die Jugendlichen, ein »Festival im Festival« zu planen, entschieden sich die Projektleitenden für ein Format, das an Erfahrungen der Jugendlichen anknüpfen und ihnen eine konkrete Vorstellung des Möglichen geben sollte. Die Gruppe nahm den Ball auf und einigte sich auf das Labyrinth als übergreifende Klammer, in der wiederum für Einzelbeiträge Platz sein sollte.

Einige der Vorschläge für Einzelbeiträge klangen fast klischeehaft nach Jugendkultur: Konzerte, Karaoke oder Graffiti gehören heutzutage zum Standardrepertoire der Kulturarbeit für Jugendliche (tatsächlich

Gestaltungsmacht teilen

> Welche kulturellen Praxisformen fehlen im dominanten kulturellen Kanon?
>
> Wie können alternative symbolische Formen anerkannt und eingeladen werden?
>
> Was bedeuten ästhetische Urteile für die kulturelle Teilhabe?

hatte die betreffende Teilnehmerin Graffiti in einem Schulworkshop kennengelernt). Manche Elemente entsprangen regelrechten Universalien der Jugendkultur: Mit Freunden abhängen, sich kreativ ausleben oder etwas zerstören. Andere Vorschläge waren dem Zeitgeist geschuldet: eine Handy-Aufladestation und die fast reflexhafte Forderung nach freiem Internetzugang etwa bedienten Alltagsbedürfnisse der Jugendlichen. Und einige der Ideen brachten spezielle ästhetische Inspirationsquellen ans Licht, wie Steampunk oder Cosplay.

Ästhetische Urteile

Kulturelle Teilhabe bedeutet, Einflussmöglichkeiten auf den geteilten kulturellen Kanon zu haben. Wenn es uns um eine gemeinsame Kultur geht, die sich aus der realen Vielfalt der Gesellschaft speist und die ihre Veränderungen dynamisch widerspiegelt, dann kann diese nur aus den vielfältigen Beiträgen der Mitglieder der Gesellschaft erwachsen. Kulturelle Teilhabe zu fördern bedeutet demnach, den unterschiedlichen kulturellen Formen gegenüber offen zu sein, ihnen zu Ausdruck und Geltung zu verhelfen. Mit »Kultur« ist hier jedoch nicht das gemeint, was bereits mehrheitlich in den Kulturinstitutionen zu finden ist. Diese Dinge sind im Diskurs der Mehrheitsgesellschaft angekommen, selbst wenn sie sich ihren Platz dort erkämpfen mussten oder müssen. Bei der Förderung von mehr kultureller Teilhabe geht es vielmehr um genau die Kultur(en), die dort aus verschiedenen Gründen noch nicht vertreten sind: weil sie als unangemessen und peinlich, als konsumistisch oder wertlos empfunden werden oder schlichtweg, weil sie nicht als kultureller Ausdruck erkannt werden.

Ästhetische Urteile spielen eine zentrale Rolle für kulturelle Anerkennung, denn sie zeigen an, was und wer dazugehört und was und wer nicht. Im Interesse einer Erweiterung des kulturellen Kanons müssen die Profis der Kulturwelt ihre Bewertungen also überdenken. Ist das, was aus ihrer Sicht als zu kitschig, zu grell, zu sehr gebastelt oder zu dekorativ erscheint, möglicherweise der Ausdruck von Lebenslagen, die sie weder kennen noch verstehen? Es ist zumindest geboten, Zurückhaltung in den eigenen Urteilen zu üben und Offenheit gegenüber Erscheinungs- und Ausdrucksformen zu entwickeln, die aus der eigenen fachlichen Perspektive als unangemessen oder gar unerträglich empfunden werden.

Dieser kleine Fragenkatalog kann dabei helfen, die Offenheit der Kulturschaffenden in ästhetischen Fragen zu prüfen:[4]

Wie umfassend akzeptieren und begrüßen die Profis der Kulturwelt den gestalterischen Willen der Teilnehmer_innen? Wer darf sich ästhetisch äußern, und wo bzw. wie werden diese Äußerungen der Öffentlichkeit präsentiert?

Sind die Profis der Kulturwelt bereit, ihre ästhetischen Urteile zu begründen, ihre Kriterien dafür offenzulegen und zu diskutieren?

Vermitteln die Profis der Kulturwelt ihr spezifisches Fachwissen, das zu bestimmten ästhetischen Urteilen führt? Beinhaltet dies neben den kulturhistorischen und kulturtheoretischen Kenntnissen auch den symbolischen Verhaltenskodex der Kulturwelt?

Die Kunstnäher_innen entschieden sich mit dem Labyrinth für ein großes architektonisches Gebilde als gemeinsamen Beitrag. Das hatte weitreichende Folgen für die einzelnen Ideen der Teilnehmer_innen, denn es delegierte die Gestaltungshoheit zunächst einmal an die Architektur. Organisatorische und technische Notwendigkeiten engten den Spielraum ein und so fiel die Entscheidung auf eine modulare Bauweise aus geliehenen Kunststoff-Gemüsekisten, die relativ schnell auf- und wieder abgebaut werden konnte. Allerdings überstieg die schiere Dimension des Labyrinths den Vorstellungs- und Erfahrungshorizont der Teilnehmer_innen. Dies konnten die beteiligten Kulturvermittler_innen zwar durch ihre professionelle Erfahrung auffangen, aber so landete die Gestaltungshoheit eben bei ihnen. Die Jugendlichen waren schlichtweg nicht in der Lage, die Gestalt des Labyrinths abzusehen und mitzubestimmen. Positiv formuliert könnte man sagen, dass dies die Jugendlichen von der Unerbittlichkeit der ästhetischen Positionierung entlastete. Aber es nahm ihnen die Chance, ihre eigenen Ideen zu formulieren und mit professioneller Unterstützung zu genuinen symbolischen Ausdrucksformen zuzuspitzen.

Hinzu kam der große Realisierungsaufwand, der von allen Beteiligten hohen zeitlichen Einsatz erforderte. Es blieb neben der Umsetzung des Labyrinths schlicht keine Zeit, sich den Einzelideen vertieft zu widmen. Letztlich wurden einige Ideen etwas halbherzig und mit den eben noch verfügbaren Ressourcen in das Labyrinth integriert: Eine Verkleidungsecke bot Kostüme und eine Polaroidkamera für »analoge Selfies«, auf einer Bühne gab es Karaoke und Musik vom mitgebrachten Player, verschiedene Sitzgelegenheiten boten Platz zum Chillen, eine Bar mit selbst entwickelten analkoholischen Drinks lud die Besucher_innen zum Stehen und Plaudern ein und einige selbst produzierte sowie beim Trödler erstandene

Zeichnungen und Gemälde dekorierten die Gänge. In den hohen grünen Wänden des Labyrinths nahmen sie sich etwas verloren aus und bildeten einen rechten Kontrast zu der technischen Perfektion des Labyrinths. Das Steampunk-Motorrad wurde nicht realisiert.

Von außen betrachtet fügte sich das Labyrinth allerdings gut in das Festivalgelände ein. Es besaß zwar eine andere Anmutung als die außen herum installierten Zelte, Wägen und Pavillons, aber es fiel in keiner Weise unangenehm auf. Ob dies bei einer Motorrad-Installation im Steampunk-Stil genauso gewesen wäre? Wie wäre die Diskussion mit den Festival-Verantwortlichen oder den Besucher_innen über einen solchen Beitrag wohl verlaufen und welche Argumente wären hier zum Einsatz gekommen? Den »Insidern« der etablierten Kulturwelt blieb es jedenfalls erspart, ihre ästhetische Toleranz unter Beweis zu stellen und ihre Urteile zu begründen oder gar zu verteidigen.

→ Die eigenen ästhetischen Urteile überprüfen und begründen.

→ Offenheit gegenüber anderen kulturellen Erscheinungs- und Ausdrucksformen entwickeln.

→ Differenz als Arbeitsgrundlage anerkennen.

[4] ZEIGT UNS, WIE ES GEHT! – ICH WILL ES (NICHT) WISSEN.

Die feine Balance zwischen Lernen und Lehren und der Gewinn von unerfüllten Erwartungen

Das Plakat war das Beste. Es war ein persönliches Ziel von mir, so etwas Großes zu machen. Wir haben uns für ein Plakat entschieden, weil es recht traditionell ist und es alle sehen können. Nicht so wie Instagram, wo zum Beispiel nur junge Leute sind.

(Teilnehmer im Interview)

Um mehr darüber zu erfahren, wie das *Blickfelder*-Festival künftig junge Leute wirkungsvoller ansprechen kann, wurde innerhalb des Projekts eine kleine Gruppe von einschlägig interessierten Jugendlichen gebildet. Begleitet von einer professionellen Grafikperson sollten die Teilnehmer_innen eine Kommunikationsstrategie entwickeln, die an ihre eigene ästhetische und mediale Praxis anknüpft und ihre Peers auf *Blickfelder* aufmerksam macht.

Es stellte sich heraus, dass die drei beteiligten Jugendlichen eine ganz andere Agenda verfolgten. Anstatt von ihrer eigenen Praxis und Mediennutzung auszugehen, wollten sie möglichst professionell Werbung machen, wie sie ihnen im öffentlichen Raum täglich begegnet. So entschieden sie sich unter anderem für die Gestaltung eines großformatigen Plakats und platzierten es am Hauptbahnhof. Die Vorstellung beeindruckte

Lernen und lehren

> Welche kulturellen Fähigkeiten und Fertigkeiten brauchen die Eingeladenen als Voraussetzung für kulturelle Teilhabe?
>
> Wie können kulturelle Fertigkeiten vermittelt werden, damit sie zu Selbstbestimmung und nicht zu Anpassung führen?

die Gruppe, dass an einer so prominenten Stelle ein von ihnen gestaltetes Werbemittel hängen sollte.

Die Idee, sie selbst oder ihre Peers könnten die Adressat_innen der Werbemaßnahmen sein, kam ihnen dagegen nicht in den Sinn. Auf entsprechende Nachfrage von Seiten des begleitenden Grafikers entgegneten sie, dass sie »für andere« gestalten würden, und meinten damit eine allgemeine und nicht näher bestimmte »große Öffentlichkeit«. Auch die Anregungen zum Einsatz von Social Media blieben ohne Folgen: Es schien für die Jugendlichen im Rahmen des Projekts überhaupt nicht interessant zu sein, die eigenen Kommunikationskanäle so zu nutzen, wie sie das sonst tun. Abgesehen davon entlarvten sie die Annahme, dass sich Jugendliche grundsätzlich gut mit Social Media auskennen, als eine unbegründete und etwas naive Hoffnung.

Von Anderen lernen wollen und lernen müssen

Kulturinstitutionen können von den Teilnehmer_innen ihrer Angebote einiges lernen. Was diese zu erzählen haben, was sich in ihrem Verhalten, in ihren symbolischen Ausdrucksweisen zeigt, liefert Informationen über ihre Lebenslagen, Motive und Interessen. Solches Wissen ist wertvoll, besonders wenn die Teilnehmer_innen nicht derselben sozialen Gruppe wie die Kulturvermittler_innen angehören. Denn es hilft dabei, die Angebote der Kulturvermittlung so zu planen, dass sie weitere Anknüpfungspunkte für Personen in ähnlichen Lebenslagen schaffen. Offene Augen und Ohren für den Input der Nutzer_innen sind die Voraussetzung dafür, dass deren kulturelle Ausdrucksweisen einen Weg in den Kanon der legitimierten Kultur finden. Deswegen ist es wichtig, dass das Lernen von den Teilnehmer_innen einen prominenten Platz in der Kulturvermittlung findet.

Ebenso nötig ist aber das Wissen, das im Kulturbereich steckt. Denn damit sich Personen ohne privilegierten Zugang zur Welt der Kultur überhaupt in ihr zurechtfinden können, benötigen sie einiges an Wissen. Dazu gehören sowohl die Fähigkeiten und Fertigkeiten, die Kunstschaffende in bestimmten Bereichen ausgebildet haben. Außerdem die organisatorischen Grundlagen über das Wie, Wer und Wo des Kulturbereichs und nicht zuletzt auch die Orientierung in Geschichte und Theorie des Kulturschaffens. Wenn sich beispielsweise »partizipative Kunst« zu einem regelrechten Genre entwickelt, dann ist das für die Teilnehmer_innen eines entsprechenden Projekts wichtig zu wissen, da es Einfluss auf ihre Rolle hat. Damit sie sich kompetent für oder gegen eine Teilnahme entscheiden oder deren Bedingungen verhandeln können, müssen sie über die Debatte im Hintergrund informiert sein.

Es braucht eine gute Balance zwischen dem Lernen von den Nutzer_innen und der Vermittlung des speziellen Wissens, das im Kulturbereich steckt. Denn Kulturvermittlung, die von der legitimierten Kulturwelt ausgeht, bewegt sich immer in einem Spannungsverhältnis zwischen Anpassung und Widerstand:

Einerseits will sie Fähigkeiten vermitteln, die dem Einzelnen ein besseres Zurechtkommen im gesellschaftlichen Gefüge ermöglichen – sei es in Form von technisch-handwerklichen Fähigkeiten, selbstbewusstem Auftreten oder der Vertrautheit mit den unausgesprochenen Regeln des Kulturfelds. Da sie dies aber auf der Grundlage des jeweils als legitim erachteten Kulturbegriffs tut, vermittelt sie zugleich auch dessen Wertannahmen: was zur Sprache kommt, welche Perspektiven eingenommen werden, wer zur Produktion dieser Kultur zugelassen ist und so weiter. Werden diese Voraussetzungen nicht ausdrücklich zum Gegenstand der Auseinandersetzung und Kritik gemacht, läuft sie Gefahr, die Ursachen von struktureller Benachteiligung auszublenden oder sogar zu wiederholen.

Andererseits kommt Kulturvermittlung eine wichtige Funktion dabei zu, die Individuen zu einem reflektierten, selbstbewussten Umgang mit sich und ihrer sozialen Umwelt zu befähigen. So schafft sie die Voraussetzungen für aktive gesellschaftliche und politische Beteiligung. Kulturelle Fertigkeiten sind Techniken der Reflexion und Gestaltung des symbolischen Materials, mit dem sich Menschen einen Zugang zur Welt und zu sich selbst schaffen. Kulturvermittlung muss es sich folglich zur Aufgabe machen, dieses umfangreiche Methodenarsenal zu erschließen, ganz besonders für Personen, die nicht von sich aus darauf zugreifen können, weil sie nicht bereits im Kulturbereich verkehren. Denn mit verfeinerten Techniken symbolischer Kreativität entstehen auch verfeinerte Möglichkeiten, den Bezug zu sich selbst und zur Welt zu gestalten. Wer

Zwischentöne modulieren, feine Unterschiede ausdrücken und Komplexität abbilden kann, gewinnt dadurch Möglichkeiten der Selbstbestimmung – auch solche, die die Übernahme von Rollenklischees, von dominanten Beziehungen und diskriminierenden Zuweisungen zu überwinden helfen.

Die Kunstnäher_innen suchte diese Balance zwischen Anpassung und Widerstand immer wieder zu finden. Die erste Projektphase mit dem Workshop- und Exkursionsangebot betonte das Lernen von der Kulturwelt und schuf einen Zugang sowohl zu künstlerischen Techniken als auch zum kanonisierten Wissen der legitimierten Kultur – freilich nicht, ohne dies kritisch zu hinterfragen (als Beispiel sei noch einmal der Besuch der Art Basel genannt, siehe Seite 63). In der zweiten (darauf aufbauend geplanten) Projektphase standen die eigenen gestalterischen Entwürfe der Jugendlichen im Zentrum. Der *Kunstkasten* verband die Hintergrundinformation über Arbeitsbedingungen und unterschiedliche Werdegänge in der Kunst mit praktischen Aufgaben, die die Schüler_innen selbstständig ausführten. Und auch das Grafikprojekt fragte nicht nur nach »jugendlichen Kommunikationsmethoden«, sondern stellte den Teilnehmer_innen einen grafisch versierten Mentor und Vermittler an die Seite, stattete sie mit fachlichem Einblick aus und schuf die Möglichkeit, die Ideen real und prominent umzusetzen.

Gleichwohl stehen der Anspruch der Vermittlung von Wissen und das Lernen von den Teilnehmer_innen in einer gewissen Spannung zueinander. Das lässt sich am Grafikprojekt gut ablesen: Die Teilnehmer_innen wollten Dinge umsetzen, die sie als professionelle Werbung betrachteten – so erschien ihnen das Plakat am Hauptbahnhof quasi als Kür der professionellen Werbung. Auch in den Ansprüchen an ihre Lehrpersonen war ihnen Professionalität sehr wichtig. So hinterfragten sie gelegentlich ihren Mentor, der aus ihrer Sicht mehr Illustrator und Künstler als Werber gewesen sei. Sie hätten sich mehr Unterstützung von einem »richtigen Werber« gewünscht und schätzten es sehr, als zu einem der Treffen ein solcher eingeladen war und ihnen Rückmeldung auf ihre Entwürfe gab. Sehr günstige Bedingungen für das Ausleben ihrer Professionalitätsbedürfnisse fanden die Jugendlichen im Arbeitsraum, der ihnen im Atelier ihres Mentors zur Verfügung gestellt wurde. Mit einem eigenen Platz innerhalb einer Ateliergemeinschaft von professionell arbeitenden

[4] Zeigt uns, wie es geht! – Ich will es (nicht) wissen.

Kulturschaffenden konnten sie sich ernst genommen und in ihrer Arbeit wertgeschätzt fühlen.

Aber die Teilnehmer_innen ließen sich auch auf andere Herangehensweisen ein. Sie wählten aus dem Programm von *Blickfelder* zwei Theaterstücke aus, für die sie gezielt Maßnahmen entwickeln wollten – eine Produktion über den Krieg, die Flucht und Vertreibung aus Syrien, sowie eine Produktion über Homosexualität und Homophobie im Fußball –, und entwickelten einige eher unkonventionelle Werbemaßnahmen. Beispielsweise eine performative Aktion, bei der sie mit einem Papp-Panzer Passant_innen im öffentlichen Raum auf sich aufmerksam machten, mit ihnen ins Gespräch über das Thema Krieg kamen und ihnen selbstbedruckte Taschen austeilten. Oder einen Ballonwettbewerb vor dem Fußballmuseum des Fußball-Weltverbands FIFA in Zürich, bei dem es Eintrittskarten zu gewinnen gab. Die Arbeit an diesen Maßnahmen erweiterte ihr Verständnis davon, was alles Werbung sein könnte. Und zum Projektende hin reflektierten die Teilnehmer_innen auch, dass sie selbst als Multiplikator_innen in ihren Peergroups durchaus Teil der Kommunikationsstrategie sein könnten.

Die »freundliche Übernahme« des Grafik-Projektteils kann auch als Rückmeldung an die Projektleitenden gelesen werden, dass sie mit teils überzogenen und unangemessenen Erwartungen an diesen Projektteil herangegangen waren: Eine Social Media-Strategie für Jugendliche oder den direkten Zugang zu jugendlichen Szenen bekam das Festival auf diesem Wege nicht. Denn die Fähigkeit und der Wille, über die eigene Peergroup Auskunft zu geben, war bei den Teilnehmenden kaum ausgeprägt. Stattdessen wollten sie sich an Erwachsenen orientieren, hatten Interesse an Vorbildern und dem Erwerb von professionellen Techniken. Eigentlich ist das wenig verwunderlich, wenn man bedenkt, dass sie sich in einer Lebensphase der Ausrichtung auf die Berufswelt hin befanden. Die drei Teilnehmer_innen – die bereits einschlägige Ausbildungsgänge absolvierten – nutzten jedenfalls ihre Chance und kaperten diesen Projektteil erfolgreich für ihre eigenen Zwecke. Sie konnten viel über Werbung lernen und Pluspunkte für ihren beruflichen Lebenslauf sammeln.

> → **Techniken der symbolischen Kreativität vermitteln für erweiterte Möglichkeiten des Selbstbezugs.**
>
> → **Orientierung im kulturellen Diskurs geben und Grundlagen schaffen für die Bestimmung der eigenen Position im Kulturbereich.**

[5] JETZT ENTSCHEIDET IHR!

Warum man Platz machen muss, um Selbstbestimmung zu ermöglichen

Dann habe ich ihnen eröffnet, dass wir eine Stelle für die Gestaltungsperson ausschreiben werden und sie das Auswahlverfahren mitmachen werden und am Schluss auch entscheiden, wen wir nehmen. Das fanden sie super! Alle außer zwei wollten dabei sein. Ich habe aber darauf bestanden, dass wir nicht mit 18 Leuten entscheiden können. Schlussendlich haben wir ausgemacht, dass sie einander wählen können: Vier Personen wurden gewählt. Zwei weitere werden die Absagen schreiben. Das wollten sie unbedingt. Wohl aus Rache für die ganzen Absagen, die sie selbst bekommen haben (eine von ihnen hat immer noch keine Lehrstelle).

(Memo Projektmitarbeiterin)

Ein besonders gelungener Moment im Rahmen von *Die Kunstnäher_innen* ereignete sich eher unerwartet. Es war vorgesehen, dass die Jugendlichen für die Ausarbeitung ihrer Beiträge zum Festival und der Kommunikationsstrategie von fachlich versierten Kulturschaffenden unterstützt werden. Diese Personen sollten von den Jugendlichen selbst bestimmt werden. In beiden Projektsträngen gab es daher ein Ausschreibungs- und Bewerbungsverfahren, in dem die Jugendlichen im Auswahlgremium saßen und die Entscheidung darüber trafen, mit wem sie arbeiten wollten.[5] Und das war ein zündender Moment.

Die Jugendlichen waren begeistert von der Vorstellung, selbst die Auswahl zu treffen. Sie bereiteten sich ernsthaft auf die Gespräche vor und entwickelten eigene Fragen an die Eingeladenen. In den Gesprächen zeigten sich manche eher schüchtern, andere sehr gesprächig und mutig.

Zurücktreten

> Welche Möglichkeiten haben die Teilnehmer_innen in Projekten, wirksame Entscheidungen zu treffen?
>
> Wie viel Herausforderung durch Unbekanntes ist nötig, um Selbstwirksamkeit auf neuen Gebieten zu erfahren?

Alle jedoch waren hoch motiviert, die Gespräche zu führen, und fanden sie auch rückblickend sehr bereichernd und interessant.

In der Entscheidungsrunde nach den Gesprächen brachten sie ihre Überlegungen und Vorstellungen engagiert vor, ließen sich auf die Argumente der anderen ein, wogen ab und fanden schließlich einen Konsens. Was in den Reflexionseinheiten oft so zäh und unergiebig war, gelang hier scheinbar mühelos: die ernsthafte Diskussion über Kriterien.

Selbstwirksamkeit fördern, Ermächtigung zulassen

Was sich in den Bewerbungsverfahren als so gelungen erwies, kann auf eine einfache Formel gebracht werden: Die Teilnehmer_innen trafen eine echte Entscheidung, die massive Konsequenzen für sie selbst und für andere hatte. Sie wurden in einer realen Situation ernst genommen und erfuhren darin Selbstwirksamkeit.

Aber in der speziellen Situation der Bewerbungsgespräche steckt noch eine weitere Dimension. Sie ist eingebettet in den allgemein vertrauten gesellschaftlichen Rahmen, in dem jede_r die eigenen Fähigkeiten auf den Arbeitsmarkt tragen soll und danach bewertet wird. Sie sprach das Bedürfnis der Jugendlichen an, sich in dieses System einzufügen und darin erfolgreich zu sein. Die Jugendlichen kannten die Situation des Bewerbungsgesprächs bereits aus eigener Erfahrung, jedoch hatten sie zuvor immer auf der anderen Seite des Tisches gesessen. Dieses Mal jedoch wurde nicht über sie, über ihren Wert auf dem Arbeitsmarkt, über ihre Zukunft entschieden, sondern sie entschieden über andere, zumal über erwachsene Expert_innen. Das machte die Sache attraktiv und steigerte die Motivation.

Nun gab es im Rahmen von *Die Kunstnäher_innen* durchaus zahlreiche Gelegenheiten, bei denen die Teilnehmer_innen reale Entscheidungen trafen. Sie entwickelten Beiträge zum Festival und produzierten Kommunikationsmittel. All das war mit teilweise nicht unerheblichen finanziellen Mitteln verbunden. Aber es scheint, dass besonders die künstlerischen Prozesse für die Teilnehmer_innen nicht so offenkundig »wirkungsvoll« waren und vielleicht deswegen nicht denselben Grad an

[5] Jetzt entscheidet ihr!

Zürcher Hochschule der Künste
Zürcher Fachhochschule

Stellenausschreibung Projekt TIMEOUT

INSTITUTE FOR ART EDUCATION (ZHdK) & BLICKFELDER – KÜNSTE FÜR EIN JUNGES PUBLIKUM

Das Institute for Art Education* der Zürcher Hochschule der Künste und das Festival Blickfelder** haben gemeinsam das Projekt WIR SIND BLICKFELDER ins Leben gerufen: 17 Jugendliche aus dem ganzen Kanton Zürich haben in einer ersten Phase die Kunst- und Kulturwelt Zürichs entdeckt, Veranstaltungen besucht und Workshops gemacht und nun haben sie ihr eigenes Projekt entwickelt, welches sie bei Blickfelder im Juni 2016 umsetzen werden. Sie haben den Freipass bekommen innerhalb vom Festival Blickfelder ein eigenes Festival stattfinden zu lassen. Das Festivalthema von Blickfelder 2016 ist ZEIT. Mit der Theaterpädagogin Katarina Tereh sind sie durch einen Ideenfindungsprozess gegangen, welcher folgendes zum Resultat hat: Ein Labyrinth der Jugendkultur in welchem veranstaltet und zum Mitgestalten angeregt wird. Es trägt den Titel TIMEOUT. Nun geht es in die Umsetzungsphase.

Dafür sucht WIR SIND BLICKFELDER eine Person welche die Jugendlichen dabei unterstützt von der Konzeption in die Umsetzung zu kommen. Genauer gesagt heisst das: gemeinsam ein Labyrinth bauen.

Gesucht wird
- jemand aus dem dreidimensionalen Gestaltungsbereich (Szenografie, Design, Art Education, Schreinern, Architektur etc.)
- der/die Erfahrung im **Planen** und **Bauen** von Dingen welche halten müssen mitbringt,
- Lust hat mit einer Gruppe von Jugendlichen zusammen zu arbeiten,
- eigene gestalterische Visionen zur Unterstützung der Jugendlichen einbringen kann, ohne sie ihnen überzustülpen,
- Kenntnis von Material und Konstruktion hat und weiss wo er/sie sich informieren muss für Offerten und Materialbeschaffung
- und Zugang zu Werkzeug hat

Zeitliche Eckdaten
- Beginn der Tätigkeit: Februar / spätestens März 2016
- Die Gruppe trifft sich jeden Mittwoch von 19:00 – 21:00h
- Der Aufbau findet am Wochenende vom 28. & 29. Mai 2016 so wie (falls nötig) an den darauf folgenden Abenden statt.
- Das Festival TIMEOUT findet vom 3.-5 Juni 2016 statt
- Der Abbau findet ab 13. Juni 2016 statt

Termine Vorstellungsgespräche
Mi, 27. Januar zwischen 19:00 - 21:00 Uhr
Mi, 03. Februar zwischen 19:00 - 21:00 Uhr
Mi, 10. Februar zwischen 19:00 – 21:00 Uhr
Eine Delegation der Jugendlichen wird neben Katarina Tereh beim Vorstellungsgespräch vertreten sein.

Wir freuen uns über deine Bewerbung (Lebenslauf und Motivationsschreiben) an katarina.tereh@zhdk.ch. Bewerbungsfrist: **23. Januar 2016**

---

* INSTITUTE FOR ART EDUCATION

Das IAE ist ein Forschungsinstitut der ZHdK im Bereich der kulturellen Bildung. Es befragt das Verhältnis von Kunst & Bildung, die Relevanz künstlerischer Produktion sowie künstlerischer Verfahren, Denkweisen und Methoden im Kontext der Wissensgesellschaft.

https://www.zhdk.ch/?iae

** BLICKFELDER – KÜNSTE FÜR EIN JUNGES PUBLIKUM

Das Festival Blickfelder wird von *Schule und Kultur* (Volksschulamt Zürich) organisiert. Es vereint Künste aus allen Sparten und richtet sich an Kinder und Jugendliche. Biennal findet das Festival seit etlichen Jahren in diversen Zürcher Kulturbetrieben sowie im öffentlichen Raum statt.

www.blickfelder.ch

Motivation herstellen konnten wie die Beteiligung an den Bewerbungsgesprächen. Diese Prozesse gehörten nicht zum vertrauten Repertoire der Jugendlichen und reihten sich auch nicht in die allgegenwärtige kapitalistische Verwertungslogik ein.

Gleichwohl kann das nicht bedeuten, dass auf unbekannte Formate ganz verzichtet und nur das getan wird, was den Teilnehmer_innen bereits geläufig ist und sich in die dominante gesellschaftliche Logik einfügt. Wie viel Unbekanntes zugemutet werden darf, um Selbstwirksamkeit auch auf neuen Gebieten zu fördern und dabei nicht zu überfordern, muss immer wieder neu ausgelotet werden. Denn wie bereits ausgeführt wurde, erfordert eine gerechtere kulturelle Teilhabe sowohl die Akzeptanz alternativer kultureller Praktiken als auch die Erweiterung dieser Praktiken durch verfeinerte Techniken im Umgang mit unterschiedlichen kulturellen Codes. Kulturvermittler_innen können auf keine der beiden Dimensionen verzichten, sondern müssen sie in Balance bringen und einen Rahmen stecken, in dem Input gegeben, aber dann auch Platz gemacht wird für die Eingeladenen und deren eigene Entscheidungen.

Die Bewerbungsgespräche waren ein besonders gelungener und daher wichtiger Moment des Projekts. Der organisatorische Rahmen wurde durch die Projektmitarbeiter_innen bereitgestellt, die inhaltliche Vor- und Nachbereitung erfolgte gemeinsam – das Heft des Handelns und die Macht der Entscheidung hielten jedoch die jugendlichen Teilnehmer_innen in der Hand. An ihrem Engagement und der begeisterten Rückmeldung wird ablesbar, wie gut ihnen das tat.

→ Situationen schaffen, in denen reale Entscheidungsmöglichkeiten bestehen.

→ Vorhandene Bedürfnisse aufnehmen und affirmieren.

→ Geläufige Handlungsweisen herausfordern und erweitern.

[6] SAG MAL – WAS HÄLTST DU DAVON?

Über geeignete und ungeeignete Formen des Austauschs, um etwas aus anderen Lebenswelten zu erfahren

Wir haben uns kennengelernt (Kennenlernspiele)

Mehr über Blickfelder gelernt

Ideen aufgeschrieben und abgestimmt

Die Ideen vermischt und damit eine einzige Idee erstellt (in Gruppen)

Ideen der Gruppe wurden in eine größere Idee verwandelt

Danach wurden nur 2 ganze Gruppen erstellt für das Projekt. Projekt wurde in 2 Teile getrennt (außen/ innen)

Konzept, Weiterentwicklung des Projekts, Namen wurden bearbeitet und erstellt

Blickfelder Team wurde das Projekt vorgestellt und besprochen

(Notizen einer Teilnehmerin im Halbzeitrückblick)

Galerie

Die Kunstnäher_innen war ein Praxis-Forschungsprojekt. Regelmäßige »Reflexionseinheiten« waren ein notwendiger Bestandteil, um Daten zu erheben und so Hinweise auf die dem Projekt zugrunde liegenden Fragen zu erhalten. In die Gruppentreffen wurden daher immer wieder Stichwortsammlungen, Strukturlegungen[6] oder Gespräche eingeflochten, mit denen die Einstellungen der Teilnehmer_innen in Erfahrung gebracht werden sollten. Außerdem wurden Interviews geführt sowie Memos angefertigt.

Schnell fiel jedoch auf, dass mit rein verbalen oder schriftlichen Methoden wenig zu gewinnen war. Denn kaum hatten die Teilnehmer_innen bemerkt, dass nun reflektiert werden sollte, verfielen sie in

Austausch und Reflexion

> Welche Methoden sind geeignet, um Erfahrungen und Einstellungen zu reflektieren?
>
> Wie gut greifen diese Techniken die Ausdrucksformen der Teilnehmenden auf?
>
> Welche Erkenntnisse lassen sich aus welcher Art von Dokumenten gewinnen?

Subversiv = Konstruktiv / Keine Regeln / Ansichtsache = Freies denken / Dinge ändern

Lethargie und berichteten in einfachstem Protokollstil über die Ereignisse, frei von eigener Bewertung oder Einordnung. Bereits die Aufforderung »lasst uns darüber nachdenken und sprechen« schien das in der Schule erworbene Verhaltensrepertoire zu triggern und führte zu zähen und unergiebigen Sitzungen. Dasselbe geschah, wenn die Jugendlichen um ein ästhetisches Urteil gebeten wurden. Als sie die Entwürfe für den *Kunstkasten* begutachteten, bestand die eher spärliche Reaktion aus Sätzen wie »Zu viel Text.« – »Die Collagen sind cool.« (ohne Grund) – »Die Sterne und Punkte sind blöd.« (ohne Grund) – »Dass andere Jugendliche zu sehen sind, ist cool.« – »Die bereits gestalteten Karten sind total ok so wie sie sind.« Auf diesem Weg war jedenfalls kaum etwas über ihre tatsächlichen Einschätzungen oder Beurteilungen zu erfahren.

Was meint Ihr dazu?

Es ist richtig und wichtig, die Aktivitäten für eine gerechtere kulturelle Teilhabe gut zu dokumentieren und auszuwerten. Wie sonst sollen Kulturinstitutionen erfahren, was dabei gut läuft und was nicht, wo sich überraschende Erkenntnisse auftun und wo Erwartungen enttäuscht werden. Während der Projektlaufzeit selbst haben die Beteiligten meist nicht die notwendige Distanz, um Lehren aus den Ereignissen zu ziehen. Damit dies nachträglich geschehen kann, braucht es auf jeden Fall eine gute Datengrundlage sowie Zeit zum Auswerten. Die Aufgaben der Dokumentation und Reflexion während des laufenden Projekts sowie der Auswertung danach müssen daher von Beginn an mit eingeplant und auch budgetiert werden. Dabei ist jedoch einige Sorgfalt bei der Wahl der Methoden geboten.

Fragen, Nachdenken, Sprechen, Schreiben, Diskutieren sind häufig verwendete Kulturtechniken, um Erfahrungen zu fixieren und

Choreografie

[6] Sag mal – was hältst du davon?

zu reflektieren. Für die als selbstverständlich betrachteten Nutzer_innen und Produzent_innen von Kultur stellt all das keine Schwierigkeiten dar: Sie haben diese Kulturtechniken gelernt – zu Hause und in der Schule. Bei den Nicht-Nutzer_innen der Kultur versagt die Sprache jedoch als alleiniges Mittel der Verständigung, sie kann sogar kontraproduktiv wirken. Die gebildete Sprache der Kulturwelt ist eher dazu geeignet, Barrieren aufzubauen als diese einzureißen.

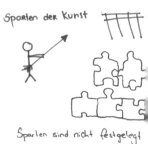

Das gilt nicht nur für den Kontakt mit Personen, die andere Sprachen besser beherrschen als die lokal dominante, sondern für alle Zusammenhänge, in denen der soziale Rahmen der gebildeten Mittelschichten verlassen wird, der sich eben ganz besonders in der Sprache manifestiert.

Für die Reflexion und Dokumentation von Projekten bedeutet das, sich zu öffnen für unerwartete Formen des Ausdrucks und der Kommunikation. Informationen werden nicht nur durch Sprache transportiert, sondern durch vielfältige Formen des Ausdrucks und der Interaktion. Das wissen Kulturschaffende nur zu gut – und genau diese professionelle Fähigkeit der Decodierung kultureller Botschaften kann hier zum Einsatz kommen. Gleichzeitig bedeutet es, auch in den Mitteln der Verständigung kreativ zu werden, bildlich und durch gemeinsames Tun zu kommunizieren und neue Wege zu erfinden, um sich verständlich zu machen und einander zu verstehen.

Bei den *Kunstnäher_innen* ergaben sich interessante Erkenntnisse meist dann, wenn zwischen Tun und Sprechen hin- und her gewechselt wurde. Besonders die praktischen Workshops mit Kulturschaffenden sowie die Exkursionen in Kulturinstitutionen führten zu lebhaften Diskussionen. Gelegentlich gelang es, diese nachträglich auch schriftlich zu fixieren, beispielsweise indem die Teilnehmer_innen einen Brief an das Theaterensemble schickten und ihnen Rückmeldung auf das besuchte Stück gaben. Oder, besonders schön erkennbar, in einem Bericht nach dem Besuch der Art Basel, in dem der Teilnehmer mit dem Blick des »Outsiders« auf diesen Tempel des Kunstmarkts blickt und dabei wie im Vorübergehen an so mancher Säule der Kunstwelt rüttelt: Preisbildung und Verflechtung mit der Konzernwelt, Rangordnung der Akteure nach Geld und Status, die Funktion von Raum und Architektur, eigene Positioniertheit und Erwartungshaltungen (siehe Seite 63).

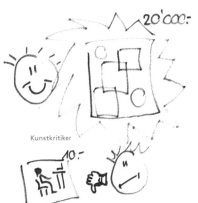

Die gestalteten Beiträge der Teilnehmer_innen waren eine wichtige Quelle von Erkenntnissen.

[6] Sag mal – was hältst du davon?

Der 20. Juni Gesamtrückblick:

Text von ██████████ über den Besuch an der Art Basel

Der Samstag startete schon mal damit, dass ich um 7:00 Uhr aufwachen musste, was für ein Start!! Daraufhin traf ich mich mit meinen Kollegen und wir machten uns schon mal auf den Weg zum Hauptbahnhof. Wir kamen ungefähr um 8:40 am Hauptbahnhof an, also ziemlich pünktlich. Um 9:00 Uhr fuhr unser Zug Richtung Basel. Wir gingen zu dem Gleis, an dem unser Zug abfahren sollte. Nun es gibt einige Dinge die Ich nicht verstehe, und eines davon wäre, dass sich Leute auf reservierte Plätze setzen und dann die beleidigten spielen wenn man sie darauf hinweist. Keine Ahnung vielleicht übertreibe ich jetzt, aber solche Sachen scheis*en mich einfach so früh am Morgen an. Aber ich liess mir die Laune nicht verderben, da ich mich auf den Ausflug freute. Die Fahrt verlief ziemlich Ereignislos und schnell. In Basel angekommen, machten wir uns auf den Weg zu diesem Event da. Nun ganz ehrlich, meine Vorstellung zu diesem Event passte nicht so mit dem überein was mich dort erwartete. Ich stellte mir so ein altes Museum vor, in welchem irgendwelche, meiner Meinung nach sinnloser Sachen stehen. Ich habe mich nie sonderlich für Kunst gestalterischer Art interessiert und ich belasse es auch dabei. Eigentlich ist ein minimum meines Interessens nur dann geweckt, wenn der geschichtliche Hintergrund von einem Kunstwerk interessant ist. Vielleicht besitze ich halt einfach nicht diese gewisse Denkweise oder Kreation um in einem Strich auf einem Papier, mehr als einen Strich auf einem Papier zu sehen. Warum ich all das hier schreibe ist, weil es die Sichtweise der Erlebnisse dieses Tages beeinflusst. Also nun bei dem Event amgekommen stimmte meine Vorstellung nur mit einer Sache nicht überein, es war kein altes Museum mit diesen sogenannten Kunstwerken, es war ein modernes Museum mit diesen Kunstwerken. Es war ein Ort an dem reiche Leute ihre Geldtaschen erleichtern konnten und übliche Leute versuchen konnten zu verstehen, was es mit den jeweiligen Kunstwerken auf sich hat. Wir wurden von einer Dame empfangen, die selbst Künstlerin war oder so. Also ich habe ihren Namen vergessen aber sie war so etwas wie unsere Rundgangführung für den Tag. Wir setzten uns im Empfang für die VIP Gäste auf den Boden, was ich auf eine unerklärliche Weise ziemlich lustig fand. Sie machte eine Einleitung zur gesamten Kunst Messe und teilte uns in Gruppen mit gewissen Aufträgen ein. Ich war mit Bunjan und zwei weiterenin der Gruppe. Wir hatten den Auftrag in einem Teil von einem Stockwerk die Licht Unterschiede zu beschreiben, was ich ziemlich ironisch fand, denn es gab da gerade mal einen Raum der ein bisschen dünkler war als die anderen. Nachdem wir diesen Auftrag erledigt hatten, sollten wir uns noch über den Preis eines Kunstwerkes informieren, das wir selber machen würden. Also suchte ich das spektakulärste das ich finden konnte und fand so einen Spiegel, der mich umgekehrt spiegelte. Der Spiegel sah aus wie eine runde Metallplatte, die nach innen gedrückt war. Der Preis dieses Spiegels war satte 750'000 £ also ungefähr 1'000'000 Fr.-. Es war mir schon klar das der Preis übelst krass sein musste, also wunderte mich der Preis eigentlich nicht. Danach haben wir uns irgendwie verloren, und trafen die Grupp so am 11:15 Uhr vor dem Eingang zu den Unlimited Kunstwerken. Ein Freund hat jedoch vor dieser riesen Halle einen BMW i8 gefunden. Also bestaunten wir den BMW ungefähr bis um 11:35 Uhr. Darufhin hatten wir noch 10 Minuten Zeit zum die Unlimited Galerie uns anzusehen. Da ich meine Freunde schon am Eingang zu dieser Galerie verloren hatte, hörte ich ein bisschen Musik und schaute mir die besonders grossen Kunstwerke an. Wir traffen uns am 11:45 wieder am Unlimited Eingang. Danach machten wir uns auf den Weg zu einem Vortrag von einer Frau, die ein paar Jahre CO. Präsidentin dieser Messe war. Sie erklärte uns die Marktwissenschaft von diesen Kunstwerken, und es zeigte mir einfach dass die Bilder oder Kunstwerke nicht unbedingt schön sein mussten, sondern sobald es einer haben wollte, kann ein anderer dazu und so entsteht eine Kettenreaktion, die den Preis eines Bildes erhöhte. Das geschah aber nur wenn es gut läuft, es werden auch viele Künstler praktisch ignoriert pder erst nach ihrem Tod berühmt, was ihnen Geldtechnisch gesehen nicht viel brachte.

Sowohl, um etwas über ihre kulturellen Praktiken zu erfahren (wie beispielsweise bei den Entwürfen für das Festival), als auch um gehaltvolle Rückmeldungen zu erhalten. Beispielsweise wurden die Teilnehmer_innen darum gebeten, die Erklärungstexte im Glossar des *Kunstkastens* zu kommentieren und eine kleine Skizze anzufertigen. Auf dieser Grundlage wurden die Texte noch einmal auf Verständlichkeit überprüft, überarbeitet und für den Kasten fertiggestellt.

In der zweiten Projektphase wurden die Teilnehmer_innen dazu angeregt, ihre Reflexion selbst in die Hand zu nehmen und ein »Handbuch« anzufertigen, das mit einer Sammlung von Texten und Bildern den Projektprozess dokumentierte. Das »Handbuch« verband die sprachliche mit der gestalterischen Ebene und war der Gruppe eine Hilfestellung, um ihre Erkenntnisse mit ihren eigenen Mitteln zu formulieren. So lässt das Heftchen eine deutliche Erweiterung der recht buchstäblichen Beschreibung des Projektgeschehens wie im obigen Zitat aus dem Halbzeitrückblick erkennen. Außerdem werden darin der Gruppenprozess und die damit verbundenen Erwartungen und Enttäuschungen angesprochen.

Zusätzlich dazu haben die Projektmitarbeiterinnen nach jedem Treffen ihre Gedanken und Beobachtungen notiert. Solche »Memos« sind eine unersetzliche Quelle, um im Nachhinein die Ereignisse verstehen und interpretieren zu können, und bilden zusammen mit den ausführlich protokollierten Auswertungstreffen die Grundlage für den Erkenntnisgewinn.

→ Auf Sprache und Text als dominante Mittel der Verständigung verzichten.

→ Sich für unerwartete Formen des Ausdrucks sensibilisieren und sie als Kommunikationskanäle ernst nehmen.

→ Sorgfältig dokumentieren und eine valide Datengrundlage für die Auswertung schaffen.

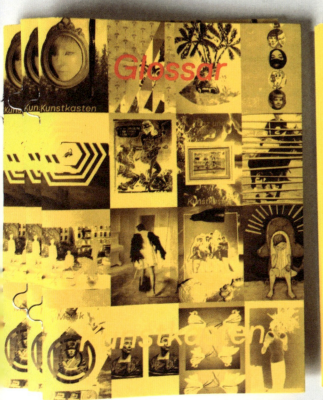

Glossar

Ölschinken
Ein Ölschinken ist ein scherzhafter Begriff für ein wuchtiges Gemälde, das mit Ölfarben gemalt wurde. Meist meint man damit ein wertloses Objekt. Es wird vermutet, dass sich der Begriff vom „Schinken" ableitet. So werden seit dem 18. Jahrhundert alte, schwere Bücher bezeichnet, die damals in Schweinsleder gebunden waren.

Partitur
Eine Partitur ist aufgeschriebene Musik. Komponisten zeichnen ihre Musik in Notenschrift als Partituren auf. Wenn man eine Partitur anschaut, erinnert sie eher an ein Bild als an ein Schriftstück. Deshalb passt das Wort auf-zeichnen gut. In einer Partitur sind die Stimmen der SängerInnen und der InstrumentalistInnen übereinander angeordnet und mit senkrechten Taktstrichen verbunden. Für DirigentInnen, die MusikerInnen leiten, ist das praktisch, da sie das musikalische Geschehen auf einen Blick überschauen können.

– Ein Dutzend junge, motivierte Men

WAS FÜR ERWARTUNGEN & WÜNSCHE HABEN WIR AN[EI]NANDER?

Teamarbeit. Respekt. Dass wir uns verstehen. Spass. Auch we[nn] es keinen Spass macht, dran bleiben. Versprechen und Ab[ma]chungen einhalten. Zuverlässig sein. Seriosität mit (bissche[n]) Humor. Gute Zusammenarbeit. Aufgaben verteilen, damit w[ir] Stress vermeiden können. Alle übernehmen Verantwortung. Z[u]sammen Lösungen finden. Einander unterstützen.

Form und Farben bewirken so viel!
Kunst ist ja eigentlich, dass wir das Ganze auf die Beine stellen!
Kunst ist ein grosser Begriff!
Kunst ist für mich so relativ!
Keiner deiner Ideen ist fehl am Platz!
Kunst ist überall!
Wenn das Labyrinth steht, ist das für mich Kunst!
Das Entwickeln von etwas, das ist Kunst!
Kunst kann auch etwas Lebendiges sein!
Kunst sollte man verantworten kön
Abstraktes Bild im Museu ist Kunst! Mein abstraktes nicht!

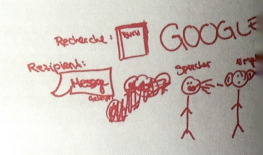

„Kunst ist für mich so relativ. Sobald irgendetwas drin steckt, irgendwie Herzblut von jemandem, ist es schon Kunst. Mir hat schon heute jemand gesagt, mein Beruf – ich lege Böden – das sei auch Kunst, Handwerkskunst. Und andere Leute sehen das anders und sagen, das sei nur ein Beruf. Alles irgendwie, wo man einen Teil von sich rein gibt, ist Kunst. Eigentlich ist alles Kunst, was man machen kann. Recht faszinierend. Es ist extrem viel, aber man kann es auch auf extrem wenig beschränken: Man kann sagen Kunst sind nur Bilder, sind nur Skulpturen. Man kann aber auch sagen: Musik gehört auch dazu, und dann kann man es plötzlich auf alles beziehen, dass alles Kunst ist. Das finde ich recht faszinierend."

– Dillon

„Wenn man darüber spricht, was Kunst ist, gibt es meistens Leute, manchmal auch ich, wenn ich es wirklich nicht verstehe, die sagen: Das kann ja gar keine Kunst sein. Es ist einmal allgemein um eine farbige Fläche gegangen. Um ganz abstrakte Kunst. Und wenn ich sie im Museum sehe, ist es für mich schon eine Art Kunst, es hängt ja im Museum, und man schaut es an und weiss, es ist von einem Künstler, er hat sich doch ein bisschen was dabei überlegt. Dort war mir klar, dass es Kunst ist. Aber wenn ich es selber mache, ist es nicht automatisch Kunst."

– Jorina

Blickfelder Projekt

Zutaten:
Ideen & Fantasie
Vorstellungsvermögen auf verrückte Art
Teamgeist + Team ~~max~~ minal. 12
Quellen an Material
- Brocki
- Flomi
- Vitamin B, Kontakte

Wir starten mit diesen Zutaten:
- 17 Jugendlichen
- 2 Helfern
- 3 Projektleitern
- Eine Grundidee

Mit einem ~~Teelöffel zwischen~~ Ideen ~~bei~~ mischen wir unsere Grundidee.

Danach teilen wir die Menschen und geben sie in verschiedene Schalen, wo das ganze gut vermischt wird.

Danach haben wir ein leckeres Endprodukt.

ANLEITUNG UM EIN PROJEKT ZU GESTALTEN, WIE ZUM BEISPIEL EIN LABYRINTH

Ihr braucht:
- Eine prise Motivation
- Mehrere Tassen Ideen
- Teamarbeit
- Durchsetzungsvermögen
- Organisation

TEAMARBEIT

Wie:

IDEEN SAMMELN, MIND-MAP ERSTELLEN ODER BRAINSTORMING ZUM THEMA LABYRINTH.

REZEPT

ZUTATEN:
- 17 Jugendliche
- 2 Leiter
- 2 Helfer
- 1 Konzept
- 1 Zimmer
- 1 Bauwagen
- unlimitierte Ideen
- unlimitierte Motivation
- unlimitierte Kreativität

Zutaten:
- 2 Dutzend motivierte Menschen
- ziemlich viel Platz
- eine Grundidee
- 6'000 Nebenideen

Alles mischen
FERTIG!

Zuerst mischen wir die motivierten Menschen, darunter ein Leiter und zwei Assistenten, in einer Schüssel, bis sich alle gut kennengelernt haben. Nach und nach streuen wir die 6'000 Nebenideen hinzu und aus diesem Gemisch entsteht die Grundidee.
Diesen Teig legen wir auf einen Platz mit 300m² und lassen ihn ziehen.

[7] RAUS AUS DER KOMFORTZONE

Warum es notwendig ist und sich lohnt, den White Cube gelegentlich zu verlassen

Um Jugendliche für die Teilnahme am Projekt zu gewinnen, besuchten wir Jugend- und Gemeinschaftszentren in Zürich, stellten den Mitarbeitenden unser Projekt vor und sprachen mit den Jugendlichen. Als die Akquise-Workshops fertig waren, kamen wir noch einmal zum Ausprobieren dorthin. Die Workshops haben wir zudem in 13 Schulklassen im ganzen Kanton durchgeführt. Zwischen Oktober und Februar haben wir hunderte von E-Mails geschrieben, Gespräche geführt, telefoniert, nachgefragt und überzeugt, damit bis zum ersten Treffen möglichst viele Jugendliche Bescheid wussten.

(Aus dem Projektbericht)

Für *Die Kunstnäher_innen* wollten wir junge Personen gewinnen, die keinen biografisch vorgeebneten Bezug zur Welt der legitimierten Kultur mitbringen. Jugendliche, die nicht wie selbstverständlich mit vorweihnachtlichen Theaterbesuchen, regelmäßigen Gängen zur Bücherei, Tischgesprächen über Kultur oder einem eigenen Arbeitsplatz zum Zeichnen und Basteln aufgewachsen sind und damit nicht zum Kern der kulturell Teilhabenden gehören. Aber es stellte sich die Frage: Wie und wo sollten wir diese Personen finden, von deren Motiven, Anliegen und Problemen wir eigentlich nichts wissen – außer, dass sie eben nicht an derselben legitimierten Kultur teilhaben wie wir Projektorganisator_innen? Wie sollten wir sie ansprechen, beschreiben, welche Bilder entwerfen, um Interesse an unserem Programm zu wecken?

kreative jugendliche gesucht!

Jenseits der eigenen vier Wände

Wie findet man Personen, von denen man nur durch ihr Fehlen weiß?

Wie gelingt ein Bezug zu Lebensrealitäten außerhalb des eigenen Erfahrungshorizonts?

Wo kann man sich Rat holen?

Um Rat bitten

Wer kulturelle Teilhabe fördern und entsprechende Aktivitäten umsetzen möchte, sieht sich mit einigen Widersprüchen konfrontiert: Wie kann man diejenigen Personen finden, von denen man nicht mehr weiß, als dass sie fehlen? Wie soll man sie ansprechen, wenn man ihre Sprachen nicht kennt? Wie gelingt ein positiver Bezug auf deren Lebensrealitäten, wenn diese außerhalb des eigenen Erfahrungshorizonts liegen? Diese Probleme stellen sich bereits beim Entwurf von Aktivitäten und werden bei den Maßnahmen zu ihrer Bekanntmachung meist noch dringlicher.

Das Problem liegt auf der Hand: Es sind im legitimierten Kulturbereich wenig Kenntnisse anderer Lebensrealitäten als die der Mittelschichten vorhanden. In diesem recht homogenen sozialen Feld teilen Kulturproduzierende und Kulturnutzer_innen ähnliche soziale Erfahrungen. So kommt es meist zu einer guten Passung zwischen Angebot und Nachfrage, allerdings nur für die Angehörigen dieser bestimmten gesellschaftlichen Gruppen.

Das ändert sich jedoch, wenn man beginnt, sich um kulturelle Teilhabe zu bemühen. Plötzlich fehlen die richtigen Worte, um die Personen zu beschreiben, um die es gehen soll. Es stellt sich Unsicherheit ein, welche Inhalte auf Interesse stoßen könnten. Es ist unbekannt, mit welchen Medien die Personen erreicht werden können. Kurzum: Außerhalb des eigenen sozialen Rahmens beginnt das große Stottern. Dabei ist es nur verständlich und keine Schande, nicht zu wissen, wie man sich in anderen sozialen Sphären als der eigenen bewegt, deren Sprache nicht zu verstehen und nicht zu sprechen, die ästhetischen Codes nicht dechiffrieren zu können. Denn es gibt durchaus Möglichkeiten, sich zu orientieren: Indem man fragt. Indem man genau die Personen um Rat bittet, die üblicherweise als die Empfänger_innen einer »inklusiven« Kulturvermittlung entworfen werden.

Die ersten Schritte können klein sein: Gibt es im lokalen Umfeld vielleicht migrantische Selbstorganisationen? Ist ein Jugendzentrum in der Nähe? Kann man informelle Treffpunkte der Anwohner_innen ausmachen oder zeigen sich bestimmte Interessengruppen sogar in den lokalen

Medien? Solche Selbstorganisationen sind gute Anknüpfungspunkte, um in einem institutionellen Rahmen Kontakt aufzunehmen und ins Gespräch zu kommen. Die Chancen stehen nicht schlecht, dort auf die informellen Meinungsführer_innen – auch »Multiplikator_innen« genannt – zu treffen. Das sind nicht immer die offiziellen Vertreter_innen einer Organisation, sondern die Personen, die ein Gemeinwesen zusammenhalten und sich entsprechend gut mit den lokalen und konkreten Belangen auskennen. Wenn es gelingt, die richtigen Personen zu finden, kann man eine Menge über die Lebenslagen und Anliegen der entsprechenden Gruppe oder lokalen Umgebung erfahren. Außerdem können solche Multiplikator_innen Partner_innen werden, mit denen gemeinsam die Angebote entwickelt werden können. Und nicht zuletzt können sie bei der Bekanntmachung und Verbreitung der Informationen eine wichtige Rolle spielen. (Idealerweise gehören Personen aus den lokalen *communities* bereits zum eigenen Team – warum das so wichtig ist, wird in Kapitel 10 ausgeführt.)

Gleichwohl stellt sich diese Kontaktaufnahme nicht immer reibungslos dar. Denn sie ist ein Schritt raus aus der Komfortzone der eigenen sozialen Sphäre, der gewohnten Wertmaßstäbe, der eingeübten Verhaltensweisen. Hinein in ein unbekanntes Terrain, in dem andere Regeln gelten. Das ist ungewohnt und unbequem und kann ziemlich verunsichernd sein. Inmitten eines belebten Jugendzentrums zu sitzen und mit den Billard spielenden Jugendlichen ein Gespräch über Kultur anzuzetteln – das erfordert Geduld und ein robustes Selbstbewusstsein.

Es schadet also durchaus nicht, gelegentlich die Seiten zu wechseln. Und zwar ganz real: Es macht einen großen Unterschied, ob ich jemanden zu mir einlade und in meine eigenen Räume bitte, in denen ich mich zu Hause fühle, oder ob ich mich hinaus begebe in Stadtviertel, die ich womöglich noch nicht kenne, und in Häuser, die ich noch nie betreten habe. Besonders bedeutsam ist das, wenn ich mit Personen in Austausch kommen möchte, die von der baulichen Rhetorik der Kulturhäuser möglicherweise eingeschüchtert oder beschämt werden. Der Schritt hinaus aus der eigenen Institution signalisiert nicht nur die Bereitschaft, sich auf Neues einzulassen und dafür auch Zeit und Mühe in Kauf zu nehmen, sondern verschiebt auch real ein Stückchen der Definitionsmacht zu den Personen hin, die um Rat und Information angefragt werden.

Bei den *Kunstnäher_innen* begann diese Bewegung schon im Vorfeld, im Rahmen der vorbereitenden Studie. Die damals geknüpften Kontakte nahmen wir mit Beginn des Projekts teilweise wieder, besuchten Gemeinschafts- und Jugendzentren, stellten unser Vorhaben vor und nahmen die Rückmeldungen auf. Auf diesem Weg erhielten wir beispielsweise die Empfehlung, die als durchgängig geplante Arbeit mit den Jugendlichen in zwei Phasen zu teilen, da der lange Zeithorizont unseren Gesprächspart-

Einführung zum Live-Sampling-Workshop an der
Sekundarschule Spitz Kloten (18.12.2014)

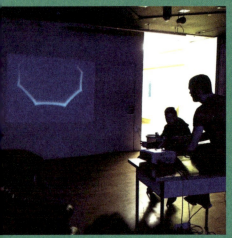

Live-Animation-Workshop im
Jugendzentrum Örlikon (11.12.2014)

WIR SIND BLICKFELDER

ner_innen als für diese Altersstufe zu weit gespannt vorkam. So lernten wir auch einige Jugendliche kennen, mit denen wir an einem Nachmittag gemeinsam den Info-Flyer zum Projekt gestalteten.

Zusammen mit zwei Musikern entwickelten wir 45-minütige Workshops, um den Jugendlichen im praktischen Erleben und Tun eine Vorstellung davon zu vermitteln, was sie im Projekt erwartet und was darin als »Kultur« erscheinen kann. Die Workshops probierten wir wieder zuerst im Jugendzentrum aus und holten uns Feedback, bevor wir sie auch den Schulen des Kantons anboten. Bei den Schulen ließen wir die Gymnasien außen vor und sprachen gezielt Berufsbildungsschulen, Sekundarschulen und sogenannte »Brückenangebote« an, die Jugendlichen eine Orientierung im Arbeitsfeld geben sollen. Wir fuhren kreuz und quer durch den Kanton, um die Workshops auch an Orten durchzuführen, die vom städtischen Kulturangebot ein Stück entfernt sind.

Parallel dazu wurde der Aufruf zur Teilnahme im Schulblatt des Kantons sowie in den Veröffentlichungen von kantonalen Sozial- und Bildungsinitiativen abgedruckt. Wir verschickten hunderte von E-Mails und Briefen, führten zahllose Telefonate und persönliche Gespräche, hielten 20 Workshops in Schulklassen und Jugendzentren ab, schalteten Anzeigen, richteten Social Media-Kanäle ein und nutzten sämtliche persönliche und berufliche Kanäle der Projektmitarbeiter_innen zur Verbreitung des Aufrufs zur Teilnahme.

→ **Die eigene Sprachlosigkeit akzeptieren.**

→ **Personen um Rat bitten, die bislang als die Empfänger_innen von Kulturvermittlungsangeboten betrachtet werden.**

→ **Den gewohnten Sozialraum verlassen und die ratgebenden Personen dort aufsuchen, wo sie sich heimisch und sicher fühlen.**

[8] »JUGENDLICHE MIT MIGRATIONSHINTERGRUND FÜR KULTURPROJEKT GESUCHT«

Warum das Denken in Zielgruppen am Ziel vorbei führt

Die teilnehmenden Jugendlichen waren sehr heterogen, was Interessen, Einsatz, Haltungen, Hintergrund, Stärken, Arbeitsweisen, Inspirationsquellen und Vorlieben betrifft. Einige haben sich eingebracht, andere nicht. Alle, die etwas eingebracht haben, haben etwas anderes eingebracht.
Kann man vielleicht von einem kleinsten gemeinsamen Nenner sprechen? Was war den Jugendlichen wichtig? Die Gruppe, die Peers, das Zusammensein, das Zwischenmenschliche. Gemeinsam war ihnen auch, dass noch niemand von Ihnen an einem vergleichbaren Projekt mitgearbeitet hat. Gemeinsam hatten sie Smartphones, WhatsApp, einen Chat. Gemeinsam war ihnen, dass sie keine Kinder mehr waren und keine Lust hatten, als solche zu gelten.
Während es mir schwer fällt, die Gemeinsamkeiten aufzuzählen, so fallen mir ohne Anstrengung zahlreiche Unterschiede ein: Sie sind unterschiedlich in ihrer Zuverlässigkeit, in ihrer Kompetenz, sich einzubringen, in ihrer Motivation, in ihren Bezugskulturen, in ihren schulischen und beruflichen Karrieren, in ihrem Reflexionsvermögen, in ihrem Interesse Kunst gegenüber und in ihrer Nähe zu Gestaltung und zu den Künsten.

(Rückblick Projektmitarbeiterin)

Finden ohne zu suchen

> Woher weiß man, welche Personen die »richtigen« Kandidat_innen für mehr kulturelle Teilhabe sind?
>
> Wie kann man sie beschreiben, ohne sie dadurch festzulegen?
>
> Welche Formen der Ansprache sind wirkungsvoll und gleichzeitig offen?

Im Projektentwurf für *Die Kunstnäher_innen* war häufig die Rede von »den Jugendlichen«, und zwar solchen, die zwar prinzipiell an der Kulturwelt interessiert sind, die aber aufgrund ihrer sozialen und lokalen Herkunft bislang keinen eigenen Zugang dazu gefunden haben. Mit dieser unscharfen Umschreibung aus dem Konzepttext machten wir uns auf die Suche nach Teilnehmer_innen und fanden uns in einem Dilemma wieder: Wie sollten wir überhaupt erkennen, wer die »richtigen« Jugendlichen für unser Projekt sind? Brauchen wir eine exakte Definition, um sicher zu gehen, dass wir sie finden?

Gemeint bist... Du!

Kulturinstitutionen sind es gewohnt, von »Zielgruppen« zu sprechen, wenn sie Angebote für bestimmte Nutzer_innen entwerfen. Da gibt es »Kinder«, »Senioren«, »Jugendliche mit Migrationshintergrund« und dergleichen. Es sind meist Personengruppen, die nicht als die selbstverständlichen Nutzer_innen der meisten Angebote gelten. Das »normale Publikum«, das überwiegend aus Fachpersonen und kulturell Interessierten besteht, wird dagegen fast nie als gesonderte Zielgruppe angesprochen.

Dieser griffige Zuschnitt mag praktisch sein, um das eigene Angebot auf alternative Nutzungen hin abzuklopfen und neue und interessante Formate und Aktivitäten zu entwickeln. Gleichzeitig birgt er die Gefahr, eine Reihe unausgesprochener Unterstellungen und Erwartungen zu transportieren. So schwingt in einem Begriff wie »Jugendliche mit Migrationshintergrund« oft die Annahme mit, dass diese wahrscheinlich kein perfektes Deutsch sprechen, aus wenig gebildeten Familien kommen und sich nicht gut in der Kulturlandschaft auskennen. Abgesehen davon, dass so eine Zuschreibung stigmatisierend ist und wahrscheinlich keine Begeisterung bei den Angesprochenen auslösen würde, verengt sie auch den eigenen Blick dafür, dass die Realität komplexer oder ganz anders sein kann. Können wir überhaupt so genau wissen, wer die zur kulturellen Teilhabe eingeladenen Personen sind, was sie wollen, brauchen, haben oder nicht haben?

[8] »Jugendliche mit Migrationshintergrund für Kulturprojekt gesucht«

Dass wir es nicht wissen, wird immer dann deutlich, wenn sich die anvisierte Zielgruppe partout nicht für die speziell auf sie zugeschnittenen Angebote interessieren will oder sie ganz anders für sich nutzt als gedacht. Womöglich verfehlen wir unser »Ziel«, wenn wir es selbst anhand unserer eigenen Vorstellungen – und nicht anhand der Vorstellungen der Angesprochenen – formulieren.

Das Denken in Zielgruppen birgt eine weitere Gefahr, nämlich dass das Wesentliche übersehen wird: die kleine Abweichung von der Norm, der interessante Dreh in einer etablierten Rolle, die kreative Zwischenposition. Diese Verschiebungen sind aber genau der Stoff, aus dem lebendige Kultur gemacht ist. Eine an Teilhabe interessierte Kulturvermittlung muss ein hohes Maß an Aufmerksamkeit für diese feinen Differenzen und ihre Markierungen durch Sprache, Symbolik, Gestik usw. entwickeln. Sie sind die Informationen, die den bestehenden kulturellen Kanon herausfordern, anregen und erweitern, und es ist Aufgabe der Kulturvermittlung, sie zu erkennen und herauszuarbeiten.

Zielgruppen sind also in zweierlei Hinsicht eine riskante Grundlage für die Ansprache von neuen Nutzer_innen: weil sie die Realität kaum zu erfassen vermögen und weil sie dabei den Blick auf das eigentlich Interessante verstellen. Das führt jedoch zu einer komplizierten Situation: Einerseits müssen wir uns von Definitionen verabschieden, wer die »Zielgruppen« für mehr kulturelle Teilhabe sind. Andererseits müssen wir dennoch auf irgendeine Weise die »richtigen« Personen identifizieren und ansprechen – ohne vorwegzunehmen, wer sie eigentlich sind. Die Herausforderung besteht darin, Ansprachen zu finden, die wirkungsvoll einladen und offen für alternative Selbstbeschreibungen sind.

Bei den *Kunstnäher_innen* lösten wir das Dilemma durch die Flucht nach vorn: Wir entwarfen eine Vielzahl von Beschreibungen unseres Vorhabens und spielten sie über verschiedene Kanäle.

»Kreative Jugendliche gesucht!«, »Das kriegst du: Die Kunstwelt kennenlernen. Mit Gleichaltrigen ein Projekt realisieren. Ein großes Festival mitgestalten.«, »Misch dich ein!«, »Für deine Teilnahme bekommst du ein Zertifikat von der Kunsthochschule und für deinen Einsatz wirst du entlohnt.«, »Wir sind *Blickfelder*!«, »Wir machen ein Forschungsprojekt und suchen Co-Forschende.«, so klangen einige der Formulierungen, die wir wechselnd verwendeten. So versuchten wir, in der Beschreibung unseres Vorhabens offen zu bleiben, um die Spielräume für die Angesprochenen großzügig zu halten.

Zur Verbreitung nutzten wir von persönlichen Empfehlungen durch unsere Kontakte im Kanton über mediale Veröffentlichungen bis zum institutionell klar gerahmten Workshop in der Schule alle Möglichkeiten, die uns offen standen. Selten waren die Reaktionen der Angesprochenen für

Die Jugend ist gestern ins Toni Areal geströmt.

Es waren deren 22!

Während die Jungs vom GZ Grünau schon um 17:15 Uhr vor unserem Büro standen haben sich zwei Mädchen von Trampolin Basic in Zürich West verirrt und sind eine ganze Stunde zu spät gekommen. Das Projekthandy hat ungefähr 22 mal geklingelt und die Stimmung war sowieso ziemlich lustig.

Von »Ich bin da, weil mich Kunst interessiert und ich gerne zeichne und auch andere künstlerische Dinge lernen möchte« bis zu »Ich bin da, weil ich nicht den ganzen Tag zu Hause rumhängen will« war über 20 Zwischenstufen alles da (zum Beispiel auch: »Ich wäiss nöd wieso ich cho bin, ehm... ehm... also das mitem Video womer im Workshop gemacht händ isch äifach voll gäil gsi").
Nun, mal schauen wer von denen dabei bleibt. So wie es gestern klang, wollen 22 von 22 wieder kommen. ...

P.S.

Besonders schön war der Anruf eine Stunde nachdem wir angefangen haben vom Empfang des Toni-Areal: »Gruezi, hier stehen zwei junge Frauen mit einem Zettel in der Hand auf dem steht KREATIVE JUGENDLICHE GESUCHT, können Sie die bitte abholen?«.

(Memo Projektmitarbeiterinnen)

uns einschätzbar, kaum jemals ließen sich die äußeren Bedingungen, die zu einer Entscheidung für oder gegen die Anmeldung führten, genau erkennen.

Das Resultat der Akquise übertraf jedoch unsere Erwartungen: 22 Jugendliche kamen zum ersten Treffen, doppelt so viele wie erhofft. Alle wollten dabei bleiben und niemand schied aus. Tatsächlich entsprachen die Teilnehmer_innen dem unscharfen Profil, aufgrund ihres familiären und sozialen Umfelds keinen selbstverständlichen Zugang zu kulturellen Angeboten zu besitzen, wie sich in den Gesprächen und später auch in den Forschungsinterviews zeigte. Und gleichzeitig waren sie alle höchst verschieden. Das trat im Laufe des Projekts immer deutlicher hervor.

→ **Offene Ansprachen für andere Publika entwickeln.**

→ **Die eigene Wahrnehmung flexibel halten.**

→ **Vielfältige Wege der Adressierung und Verbreitung finden.**

[9] DIE ZIELGRUPPE, DAS BIN ICH.

Von der Mühe, die eigene Herkunft zu durchleuchten und daraus vermittelbares Wissen zu ziehen

Selbstvertrauen ist grundsätzlich eine sehr nützliche Eigenschaft im Theater. Sie hilft mir nicht nur beim Theater schauen, sondern auch um mich darin breit zu machen. Sei es als Zuschauerin, Theatermacherin oder als künstlerische oder organisatorische Leitung eines Theaterbetriebs. Denn um in dieser Szene gehört zu werden, muss ich laut sein. Ich muss keine Hemmungen vor Small Talk haben, keine Scham vor Anbiederung, und dabei immer meine eigene Meinung vertreten. Und ich muss viel Zeit darauf verwenden, immer bei den richtigen Events am richtigen Ort zu sein. Ich muss also auch immer wissen, was wo läuft und ob es sich lohnt dorthin zu gehen. Nicht nur, um gesehen zu werden, auch um die spannenden Dinge nicht zu verpassen und die langweiligen zu umgehen.

(Projektmitarbeiterin in der ersten Sammlung zur Frage »Was muss ich wissen und können, um in der Kunstwelt zu bestehen?«)

Die Kunstnäher_innen baute auf einem immensen Wissensschatz auf: Das Institute for Art Education und die Fachstelle schule&kultur sind Einrichtungen mit großer Erfahrung in ihren jeweiligen Bereichen. Beide beschäftigen Mitarbeiter_innen, die mit ihren persönlichen Ressourcen, ihren fachlichen Kenntnissen und ihren Netzwerken dieses Wissen ständig vermehren. Aus diesem Schatz schöpfte die viermonatige erste Projektphase, die dem Eintauchen in die Welt der »legitimierten Kultur« diente. In den wöchentlichen Treffen erlebten die Teilnehmer_innen ein Feuerwerk von kulturellen Aktivitäten, das ihnen einen Eindruck von der Fülle der Spielarten und Möglichkeiten kulturellen Ausdrucks vermittelte.

Persönliche Disposition

Offen und wertfrei schauen // Jeder ist mal phantasielos // Interesse // Mich einlassen // Mut, Lust, Offenheit, Veränderung, Zweifel // Neugier // Bereit, irritiert zu werden // Selbstbewusstsein // Verständnis für Kunst // Nicht-Wissen aushalten // Musse // Wille, die Welt zu verstehen

Anwendung <--- ---> *Orientierung*

Fachwissen

Zeitgenössische/ moderne Kunst // Soziale Plastik // Kuratieren // Zielpublikum // Kunst im öffentlichen Raum // Kontext // Spartenübergreifend // Partizipativ // Ortsspezifisch arbeiten // Kunstsparten, Medien, wichtige KünstlerInnen // Authentisch / Prozess // Kunst am Bau // Niederschwellig // AutorInnenschaft // Readymade // Stipendien // »didaktisch« (als Schimpfwort) // Projekt // Workshop // Konzept // Reduktion

Vokabular
Haltung, Meinung

KUNST LESEN
Kunst ist etwas, nicht alles // Mythen und Realität // Sein und Schein // Schlüsselerlebnis // Ich muss wissen, wer ich bin und was die Welt ist. // Übersetzungsleistung

KUNST SPRECHEN
Wann was wem sagen? // Kritik üben (erhalten und geben)

Wissen über Teilhabemöglichkeiten

Wissen über eigene Funktion und Position

Sammlung zur Frage »Was muss ich alles wissen und können, um in der Kunstwelt zu bestehen?« (Herbst 2014)

Was brauche ich, um in der Kunstwelt legitimerweise unterwegs zu sein und Bestand zu haben?

als RezipientIn

es Informationen: (Webseiten, Zeitschriften, Kritiken) // Kunstbulletin

ORTE & TIMING
»Kunst«-Orte // Veranstaltungsorte finden // Tickets (Vergünstigungen) // Vorausplanen // pünktlich sein // Gute Plätze (wann eintreffen?) // Was dauert wie lange? // Besonders schöne Orte

Initiation

Verkörperung/Stil
Wann darf man rausgehen? // Wann klatsche ich? // Still sitzen & zuschauen // Kleidung // Eine Raumsituation verstehen und sich darin verhalten // Vorbereitung (Text lesen, Einführung besuchen)

als Produzent

Institutionslandschaft // Berufe & Werdegänge // Geld (verdienen, davon leben...)

KUNST PRODUZIEREN
Entscheiden dürfen, können, müssen // Verantwortung abgeben // Verantwortung übernehmen (für Spieler & Publikum) // Transfer »Ich – Spieler – Publikum« machen & zugänglich machen // Kritikfähig sein // Auf etwas zeigen vs. etwas aufzeigen // Für alles einen Grund haben

Sozialkompetenz
Apéro // Vernissage als Zentrum für Kontakte // »Freundschaft« – Vernetzen als Strategie // Herausfinden, welche Beziehung man zu Menschen hat, die man oft sieht, aber nicht kennt. // Einladung (wie schaffe ich es, dass Leute kommen?) // Ausschließen und Einladen // Wo und wann gibt es Essen und Trinken? // Umgang mit Schüchternsein // Sozialisierung durch Kunst // Mannschaftssport

Die Akquise/ Umsetzung der Kategorien wird erleichtert/ erschwert durch Geschlecht, Hautfarbe, sozialen Hintergrund, ...

Bedingungen

Kleidung

Vorbereitung
- Text lesen
- Einführung bes...

Soziales

- Freundschaft vernetzen (als Strategie)
- Vernissage (Anlass für Kontakte...)

- Herausfinden was man für eine Beziehung zu Menschen hat die man oft sieht, aber nicht kennt
- Umgang mit Schüchtern sein
- Einladung (wie schaffe ich es, dass Leute kommen?)

- MANNSCHAFTSSPORT
- Sozialisierung immer kennt
- AUSSCHLIESSEN + EINLADEN
- Apéro
- Wo und wann gibt's Essen und Trinken

Sich selbst unter die Lupe nehmen

> Welchen Anteil haben Institutionen und Personen der Kulturwelt daran, Barrieren zu dieser Welt zu errichten oder aufrecht zu halten?
>
> Wie verhindern die eigene Arbeitsweise und Arbeitsstruktur die Teilhabe bestimmter Personen und Gruppen?
>
> Wie können Kulturschaffende die Strukturen verändern, in die sie mit ihren eigenen Plänen und Wünschen eingebunden sind?

Parallel dazu begannen wir eine Arbeit, die sich im Vergleich dazu recht unspektakulär ausnahm. Wir wendeten den Blick nach innen, ins eigene Team und zum Kooperationspartner schule&kultur und begannen zu fragen: Was wissen wir eigentlich über die »weichen« Faktoren, die für einen Erfolg im Kulturfeld wichtig sind? Was davon können wir an uns selbst beobachten? Welche Erfahrungen haben wir gemacht? Zunächst sammelten wir persönliche Assoziationen. Wir diskutierten die verschiedenen Zugänge, destillierten die wichtigsten Elemente und brachten sie in einem Schaubild zusammen. Diese Arbeit sollte die Grundlage schaffen für ein didaktisches Tool, eine Art »Basisvokabular der Kunstwelt«, das die Sphäre der legitimierten Kultur und die Schwellen zum Eintritt auf einfache und spielerische Weise verständlich macht.

Das eigene Arbeitsfeld beackern

Das Denken in Zielgruppen ist riskant, wenn man nicht die feinen Verschiebungen übersehen will, aus denen lebendige Kultur entsteht – soweit habe ich es bereits dargestellt. Es gibt aber noch eine weitere problematische Konsequenz. Zielgruppen – das sind die Anderen, aber bestimmt nicht ich selbst. Wenn wir über teilhabeorientierte Kulturvermittlung sprechen, dann sind meist diejenigen gemeint, die (noch) nicht zu den Nutzer_innen von Kulturangeboten gehören und die es mit neuen Wegen der Ansprache und neuen Angeboten zu erreichen gilt. Ob ich sie nun als soziale Gruppe definiere (»Kinder«) oder ob ich sie mit offenen Ansprachen zu interessieren suche (»alle, die Lust haben zu spielen«), macht zwar einen erheblichen Unterschied für die Angesprochenen und die eigenen Erwartungen an diese. Aber in beiden Fällen geht es um die Anderen: sie »haben keinen Zugang«, »besitzen nicht den sozialen Hintergrund«, »kennen die Möglichkeiten zur Teilhabe nicht«, kurzum, sie haben ein Defizit, das es zu beheben gilt.

[9] Die Zielgruppe, das bin ich.

Wer nicht als Zielgruppe wahrgenommen wird und dabei ganz aus dem Blickfeld verschwindet sind das Fachpublikum und die kulturinteressierten Nutzer_innen sowie die Personen, die im Kulturbetrieb arbeiten. In der eigenen Wahrnehmung ist das stimmig, denn sie sind ja bereits da, wo die Kultur ist; sie haben bereits daran teil. Was aber, wenn ihr Teilhaben, ihr Da-Sein das eigentliche Problem darstellt? Wenn die bei anderen festgestellten Defizite an kultureller Teilhabe durch das eigene Tun und Unterlassen erst hergestellt und verstärkt werden?

Kulturelle Teilhabe zu ermöglichen bedeutet, sich auf einen gemeinsamen Kulturbegriff als Grundlage für gesellschaftliche Verständigung einzulassen – und nicht, die Anderen zum eigenen Kulturbegriff hin zu zwingen. Den eigenen Kulturbegriff kann man jedoch nicht so ohne Weiteres loslassen. Dazu sitzen die eigenen Einstellungen zu tief, sie haben sich in sämtlichen Lebensbereichen ausgewirkt, zeigen sich von der Auswahl der Freunde bis zum Essverhalten in allen Facetten des Alltags – sie sind verinnerlicht und verkörperlicht und großteils gar nicht bewusst. Um den eigenen Kulturbegriff überhaupt als solchen zu erkennen, sind einige Schritte des Selbstreflexion notwendig: Wer bin ich selbst? Wie bin ich zu der geworden, die ich jetzt bin? Auf wessen Kosten bin ich das geworden? Woher stammen meine Haltungen, Überzeugungen, ästhetischen Urteile? Wie bin ich an den Job, an die gesellschaftliche Position gekommen, in der ich mich befinde?

Wer vom Besitz des »richtigen« Kulturbegriffs profitiert, weil soziales Ansehen, berufliche Perspektiven, ökonomisches Auskommen daran gekoppelt sind, wird ein gewisses Interesse daran haben, diesen Besitz und seinen Wert zu erhalten. Insbesondere für die professionell im Kulturbetrieb arbeitenden Personen ist es eine Herausforderung, sich zu fragen: Welche Rolle habe ich selbst, als handelnde Person im Kulturbetrieb, bei der Benachteiligung bestimmter Bevölkerungsteile – und wie kann ich das ändern? Wie kann ich aus meiner privilegierten Position heraus die Strukturen kritisieren und verändern, in denen ich mich doch eigentlich zu Hause fühle, in die ich eingebunden bin und in denen ich Pläne mache und eigene Ziele verfolge?

Solche Fragen sind notwendig um zu verstehen, in welchem Ausmaß die eigene gesellschaftliche Position von historischen Privilegien und familiärem Erbe abhängt. Äußerliche Faktoren wie Aussehen, Geschlecht oder Geburtsort setzen von Beginn an den Rahmen, in dem persönliche Entwicklung möglich (oder auch unmöglich) ist. Hinzu kommen die familiär vermittelten Werte und Praktiken, die bestimmte soziale Positionen mehr oder weniger wahrscheinlich machen. An einem bestimmten Ort mit bestimmten Eigenschaften geboren zu sein bedeutet quasi automatisch, mit bestimmten Privilegien oder auch Benachteiligungen ausgestattet zu sein. Kultur und Bildung sorgen dafür, dass diese geschichtlich gewachsenen Machtverhältnisse als »normal« empfunden werden und erhalten bleiben. Selbstbefragung allein reicht jedoch nicht aus, damit benachteiligte Personen die Chance auf kulturelle und gesellschaftliche Teilhabe erhalten. Sie benötigen dazu einiges an Wissen: Kenntnisse über den Kulturbereich und über aktuelle Entwicklungen darin genauso wie Umgangsformen und kulturelle Techniken, um sich in diesem Bereich bewegen zu können.

Wir haben es hier mit zweierlei Arten von Wissen zu tun, die in unterschiedlicher Form zugänglich sind: Einerseits gibt es Dinge, die sich durch die Lektüre von Büchern und Zeitungen, durch den Besuch von Museen, Konzerten und Kinos, durch die Teilnahme an kulturellen Veranstaltungen und Debatten oder durch praktisches Tun erlernen lassen. Auf dieses »explizite« Fachwissen beziehen sich die meisten Aktivitäten der Kulturvermittlung. Andererseits gibt es Kenntnisse, die von frühester Kindheit an weitergegeben und im familiären Alltag eingeübt wurden. Später im Leben sind sie ihren Besitzer_innen meist nicht mehr als Fertigkeiten und Wissen bewusst, sondern wurden verinnerlicht und »verkörperlicht«. Sie zeigen sich in Aussehen, Einstellungen, Wahl von Freunden, Urlaubsorten, Essen, Mobilitätsverhalten, kurzum, in all den vermeintlich weichen Faktoren, die höchst selten zum Gegenstand von Kulturvermittlung gemacht werden.

Wie aber kommen wir an dieses verinnerlichte Wissen heran? Indem wir uns selbst zur Zielgruppe machen! (»Wir« meint all die Personen, die im Kulturbereich tätig sind, die ihren Platz darin gefunden haben und die unausgesprochenen Regeln und Bedingungen der Zugehörigkeit zum kulturellen Bereich beherrschen.) Auf der Suche nach den kulturellen Fertigkeiten, die zu Interesse und Partizipation am kulturellen Schaffen sowie zu einer Position im Kulturbereich geführt haben, müssten wir selbst doch eine ergiebige Quelle sein. Nur, so einfach zugänglich ist dieses Wissen nicht. Es gibt hierzu – noch – kein ausgefeiltes und umfangreiches Methodenarsenal, wie wir es in der Kulturvermittlung für das »explizite« Wissen haben. Hier gibt es eine Menge zu tun und es gilt Wege zu entwickeln, um das verinnerlichte, verkörperlichte Wissen in eine systematisch aufbereitete Form zu bringen.

Jede Aktivität für kulturelle Teilhabe muss implizites und explizites Wissen vermitteln, um zu einer selbstbewussten Aneignung, Nutzung und aktiven Einmischung in den dominanten Kulturbegriff führen zu können. Das bedeutet nicht, den dominanten Kulturbegriff als gesetzt zu betrachten und die unsichtbaren Regeln als unumstößliche Gesetze zu vermitteln. Vielmehr geht es darum, Haltungen und Einstellungen in ihrem »Geworden-Sein« erkennbar zu machen und zu zeigen, dass sie gelernt und

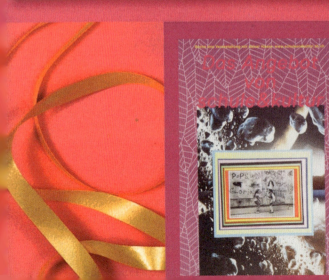

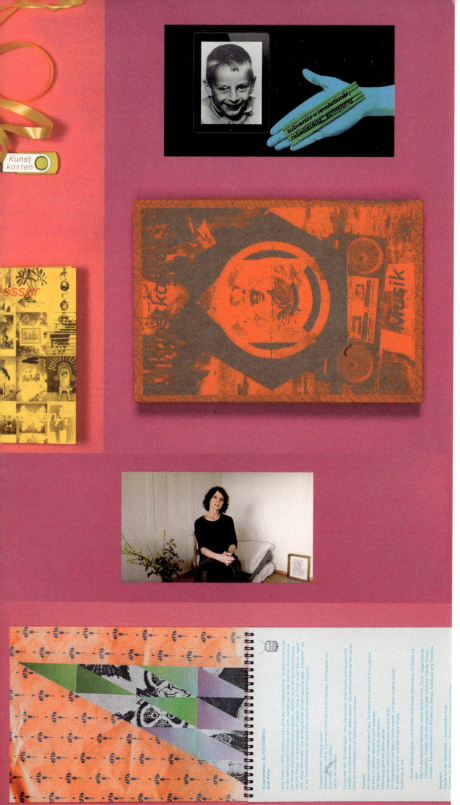

Der Kunstkasten wurde in drei Versionen (Musik, Bildende Kunst, Tanz/Theater) produziert und kostenfrei an die Schulen des Kantons verteilt.

eingeübt werden können. Und dass man die Dinge – also den kulturellen Kanon – auch ganz anders betrachten kann.

Die Mitarbeiter_innen der *Kunstnäher_innen* begannen die Arbeit an den eigenen Motiven mit Schwung – und brachen dann abrupt ab. An dieser Stelle erwiesen sich die personellen Wechsel und die daraus folgende Unruhe im Team als fatal. Der Gesprächsfaden riss ab und die Auseinandersetzung mit den eigenen unsichtbaren Voraussetzungen kam nicht in Gang.

Einige der anfänglich erarbeiteten Erkenntnisse flossen immerhin in die Konzeption des *Kunstkastens* ein. Das dort enthaltene Glossar war ein Versuch, Fachbegriffe auf allgemein verständliche Weise zu erklären und die Produktionsvorgänge der Kulturwelt transparenter zu machen. In den Videointerviews mit Künstler_innen wurden Produktionsbedingungen und persönlicher Werdegang erörtert, um plastisch zu machen, wie biografische Voraussetzungen den Weg in die Kulturbranche beeinflussen.

→ **Das eigene »Gewordensein« durchleuchten und die eigene Rolle im Spiel um kulturelle Anerkennung verstehen.**

→ **Verinnerlichtes und verkörperlichtes Wissen bewusst machen und erheben.**

→ **Systematische Vermittlungsformen für das informelle Wissen der Kulturwelt entwickeln.**

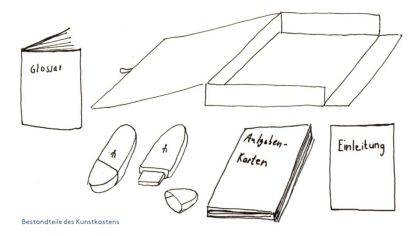

Bestandteile des Kunstkastens

[10] HER MIT DER VERÄNDERUNG!

Auf welchen Ebenen setzt Veränderung an und was kann man konkret dafür tun?

Es wird ein stetiges Gremium von Jugendlichen zur Beratung und Mitgestaltung des Blickfelder-Festivals installiert, dies wird im Leitbild des Festivals verankert und ab der nächsten Festivalausgabe realisiert.

(Aus dem Förderantrag)

Das Ziel war klar: *Die Kunstnäher_innen* sollte keine Eintagsfliege sein, sondern einen strukturellen Einfluss auf das *Blickfelder*-Festival haben. Junge Menschen ohne familiär begünstigte Beziehung zum Kulturbereich sollten einen festen Platz auf der programmatischen Entscheidungsebene einnehmen, also an der Sichtung, Auswahl und Entscheidung über die Programmpunkte des Festivals beteiligt sein. Dieses Vorhaben bedeutete einen tiefen Eingriff in die Arbeitsweise der Fachstelle schule&kultur. Aber gerade deswegen versprach es besonders wirksam Veränderungen für mehr soziale Durchlässigkeit des Festivals zu schaffen.

Die Kunstnäher_innen wollte die Voraussetzungen für die Mitwirkung am Festival schaffen: Das Projekt war wie eine Art »Vorkurs« gedacht, in dem Jugendliche mit dem nötigen Fachwissen versorgt werden, um sich auf der Entscheidungsebene einzubringen. Zum Ende des Projekts

Strukturen bearbeiten

Wie können kulturelle Projekte für mehr Teilhabe langfristig ihr Ziel erreichen?

In welchem Zeitrahmen sind Veränderungen realistisch?

Welche strukturellen Veränderungen sind in den Kulturinstitutionen notwendig?

Wie können diese Veränderungen in Gang gebracht und begleitet werden?

Wie weit reichen die Möglichkeiten der Kulturschaffenden als Handelnde?

sollten konkrete Maßnahmen beschlossen und in der Struktur des Festivals verankert werden. Dieses Vorhaben konnten wir jedoch in der vorgesehenen Zeit nicht umsetzen. Dafür gab es mehrere Gründe:

1. Die aufwändige Festivalvorbereitung verlangte von den Projektmitarbeiterinnen ebenso wie von den Mitarbeiter_innen der Fachstelle viel Kraft. Während der kritischen Zeit, in der das Projektende in Sicht kam und Schritte zur Gestaltung des »Danach« hätten getroffen werden müssen, blieb keine Aufmerksamkeit dafür übrig. Anders formuliert: Die Logik der Produktion dominierte das langfristige Ziel der Entwicklung.

2. Personelle Wechsel innerhalb des Projektteams behinderten die Reflexion. Immer wieder brach der Gesprächsfaden zwischen dem Projektteam und den Mitarbeitenden der Fachstelle ab. Ohne eine kontinuierliche inhaltliche Arbeit fehlte dem Team der Fachstelle jedoch die Grundlage, um die vorgesehenen strukturellen Veränderungen verstehen und dann tatsächlich auch umsetzen zu können. Das umso mehr, als die Integration von jungen Leuten auf der Entscheidungsebene tief in die bisherige Arbeitsweise eingegriffen hätte und gewiss nicht ohne Reibung vor sich gegangen wäre. Die bestehenden Strukturen wurden nicht durchbrochen.

3. Die Lebensplanung der Teilnehmer_innen folgte ihrer eigenen Agenda. Die teilnehmenden Jugendlichen nahmen eine Ausbildung auf, wechselten die Schule, änderten den Wohnort oder die Interessen – kurzum, sie taten die Dinge, die zu dieser Lebensphase der Orientierung und Ausbildung dazugehören. Da wir ihnen für die Zeit nach dem Projektende nichts anzubieten hatten, zerstreute sich die Gruppe mit Ablauf des Projekts in alle Winde. Folglich profitierte die Fachstelle nicht weiter von der mittlerweile aufgebauten inhaltlichen Expertise der Teilnehmer_innen.

→ Teilhabe als langfristiges institutionelles Ziel festschreiben.

→ Personal diversifizieren und Aus- und Weiterbildung fördern.

→ Reflexionsarbeit innerhalb der Institutionen entwickeln.

→ Kooperationen suchen und Unterstützungsnetzwerke bilden.

→ Die Grenzen des eigenen Könnens und Verstehens akzeptieren und Platz machen für die Agenda der Eingeladenen.

Mit den eigenen Möglichkeiten beginnen!

Und ebenso wenig gewannen die Teilnehmer_innen neue und konkrete Optionen auf Berufswege in die Kulturbranche.

4. Die gewonnenen Erfahrungen mussten in Erkenntnisse umgearbeitet werden. Nach den erschöpfenden Monaten der Produktion war dazu erst einmal eine Pause nötig und anschließend Zeit, um sich erneut mit dem Projektgeschehen zu befassen. Die Fülle der Aufzeichnungen und die umfangreiche Dokumentation mussten durchgearbeitet, sortiert und ausgewertet werden. Mehrere Stufen der Reflexion und Verschriftlichung folgten. Diese Publikation ist ein Teil davon.

Kulturelles Kapital umverteilen

Diese Aufzählung von Hindernissen wird manchen Leser_innen aus ihrer eigenen Praxis bekannt vorkommen. Die Wirklichkeit ist widerspenstig und die Dynamik der Ereignisse strickt so manches Projekt um. In der Hitze der Produktion, unter dem Druck von Zeit- und Personalknappheit (was der Normalzustand vieler Kulturprojekte ist) geraten die ursprünglichen Ziele leicht aus dem Blick und werden von kurzfristig anliegenden Aufgaben verdrängt. Umso mehr müssen wir uns fragen, was es eigentlich braucht, damit kulturelle Projekte für mehr Teilhabe langfristig ihr Ziel erreichen. Und welche Vorstellungen von erreichbaren Zielen in welchem Zeitrahmen realistisch sind.

Teilhabe ist eine langfristige Perspektive für den großen gesellschaftlichen Zusammenhang. Teilhabe bedeutet Mitgestaltung und Mitbestimmung. Reine Mitmach-Angebote können ein erster Schritt oder eine interessanter Zusatz sein, doch allein reichen sie nicht aus. Aktivitäten für

Beispielsweise für die Diversifizierung des Nachwuchses:

→ Die Beteiligung an Aktivitäten zertifizieren und so den Teilnehmer_innen eine Bereicherung des beruflichen Portfolios ermöglichen.

→ Gezielt Schüler_innen aus Sekundar- und Berufsschulen ansprechen, ihnen Einblick hinter die Kulissen verschaffen und Praktika anbieten.

→ Über die künstlerische Hochschulausbildung informieren, Interessierte bei der Informationsbeschaffung und im Bewerbungsprozess unterstützen und coachen.

→ Empfehlungen aussprechen und die Netzwerke in die Hochschulen und zu anderen Kulturinstitutionen nutzen.

→ Den Weg einzelner Personen durch das Studium und in die Berufswelt der Kultur mentorieren.

mehr kulturelle Teilhabe müssen darauf hin arbeiten, dass die Lebenslagen sämtlicher Bevölkerungsteile in den kulturellen Kanon einfließen, ihn verändern und so zu einem realistischeren Spiegel der gesellschaftlichen Wirklichkeit machen. Dies lässt sich nicht durch eine einzelne Maßnahme umsetzen. Es sind vielmehr strukturelle Veränderungen in den Kulturinstitutionen notwendig.

Der wirkungsvollste Hebel setzt an der Diversifizierung des Personals an, das im Kulturbereich fast ausschließlich aus »weißen« Mehrheitsangehörigen der mittleren und oberen Schichten besteht. Hier braucht es Personen mit alternativen Biografien, die für die Angehörigen anderer Schichten bessere Anschlussmöglichkeiten bieten und sich als Rollenmodelle eignen. Für mehr kulturelle Teilhabe ist es daher wesentlich, auf den Nachwuchs aus anderen gesellschaftlichen Gruppen als der aktuell im Kulturbereich tonangebenden zu setzen und diesen auszubilden.

Es sind intensive Bemühungen nötig, um Personal aus benachteiligten gesellschaftlichen Schichten für den Kulturbetrieb zu gewinnen. Denn neben all dem erforderlichen Fachwissen sind es vor allem die unbenannten Voraussetzungen, die Menschen zur Entscheidung für künstlerische und kulturelle Ausbildungsgänge bewegen. Und wenn sich Personen aus den unteren Schichten ausnahmsweise einmal für eine solche Ausbildung entschieden haben, haben sie es ungleich schwerer, diese tatsächlich erfolgreich abzuschließen und sich für interessante Positionen im Kulturbereich zu qualifizieren.[7]

Gerechtere Teilhabe bedeutet, den Status Quo aufzugeben – und das ist in der Regel nicht schmerzfrei zu haben. Wenn bewährte Abläufe in Frage gestellt, Aufgaben neu verteilt, Gestaltungsspielräume anders

Beispielsweise für die Reflexion im Inneren:

→ Eine institutionsübergreifende Arbeitsgruppe einrichten, die kulturelle Teilhabe als gemeinsames Ziel entwickelt und implementiert.

→ Unterstützung von außen durch Supervision, Coaching, Begleitforschung o.ä. suchen, um ergebnisorientiertes Arbeiten und ein Dranbleiben in einem oft übervollen und beanspruchenden Arbeitsalltag zu gewährleisten.

→ Inhaltliche Impulse durch Lektüre und einschlägige Trainings einholen und den Wissensstand zu kultureller Benachteiligung und Teilhabe in der gesamten Institution voranbringen.

betrachtet werden sollen, dann gerät das reibungslose Funktionieren der Kulturinstitution ins Stocken. Auch die Ansprüche der Mitarbeitenden auf bestimmte Zuständigkeits- und Machtbereiche bleiben nicht unberührt. Es ist anzunehmen, dass die Bemühungen um mehr Durchlässigkeit Verlustängste und Widerstände im Inneren hervorrufen. Sie müssen daher sorgfältig begleitet werden. Dazu braucht es eine regelmäßige Reflexionsarbeit, die alle Mitarbeitenden der Institution mitnimmt und die den institutionellen Wandel von Einstellungen und Strukturen inspiriert und unterstützt. Dazu gehört die Auseinandersetzung mit den gewonnenen Erfahrungen ebenso wie die gemeinsame Lektüre weiterführender Texte oder die Durchführung einschlägiger Trainingsmaßnahmen.

Kulturelle Teilhabe ist nicht im Alleingang zu erreichen, sie braucht eine gemeinsame Anstrengung vieler gesellschaftlicher Kräfte. Kulturinstitutionen können die Zusammenarbeit mit anderen Institutionen anregen, die dieses Anliegen ebenfalls fördern. So werden sie Knotenpunkte eines Kooperationsnetzwerks, das seine Arbeitsweise auf gerechtere kulturelle Teilhabe ausrichtet. Das ermöglicht den Erfahrungsaustausch zwischen den Institutionen, was das gemeinsame Lernen und Vorankommen fördert. Zudem kann ein Netzwerk weitaus bessere Unterstützung für Personen bieten, die sich in den Kulturbereich hineinbewegen wollen und dabei mit Barrieren zu kämpfen haben, als es eine einzelne Kultureinrichtung vermag.

Bei all diesen Impulsen zum Verändern und Gestalten gilt es auch auf die Grenzen dessen zu schauen, was die Kulturinstitutionen und die Kulturschaffenden als »Teil des Problems« selbst tun können. Sie sind aufgerufen zu handeln, das ist richtig. Aber mit ihrem Handeln müssen sie

Beispielsweise für den Aufbau eines Kooperationsnetzwerks:

→ Den Kontakt zu Schulen und anderen Bildungsinstitutionen suchen, regelmäßige Besuche und gemeinsame Programme entwickeln.

→ Weitere Kulturinstitutionen für das Ziel der gerechteren kulturellen Teilhabe gewinnen und Erfahrungsaustausch anregen.

→ (Selbst-)Organisationen unterstützen, die bereits daran arbeiten, das kulturelle Selbstbewusstsein und den Ausdruck von unterrepräsentierten Gruppen zu stärken.

Platz machen für die Belange von unterrepräsentierten gesellschaftlichen Gruppen. Sie müssen auch schweigen können, passiv sein, Raum geben.

Vielleicht ist das überhaupt das Schwierigste in der vom Drang nach Schaffen und Wirken, von Produktionsdruck und Selbstdarstellung bestimmten Welt der Kultur. Es bedeutet, aus Respekt vor der Agenda anderer Personen die eigene zurückzustellen. Nicht in Machbarkeitswahn zu verfallen. Zu akzeptieren, dass die Dinge Zeit brauchen und einen langen Atem. Nicht wissen zu können, ob die vorgeschlagenen Maßnahmen die richtigen sind – trotz aller gegenteiligen Behauptungen in Konzeptpapieren und Förderanträgen. Anzuerkennen, dass der eingeschlagene Weg ein Irrweg sein kann und immer wieder Kurskorrekturen benötigen wird. Und eine gewisse Demut zu entwickeln vor der inneren Dynamik der Ereignisse, die erst dann im Sinne kultureller Teilhabe erfolgreich sein werden, wenn wir Kulturschaffenden darin nicht mehr die Hauptrolle spielen.

Ein halbes Jahr später: Wo stehen wir? Wo stehen alle?
Eine Auswahl:

███ möchte Kunst studieren, malen. Sie spricht gebrochenes Deutsch, hat Schwierigkeiten in der Schule. ███████ die die Bar gemacht hat, wollte Illustration studieren und wurde nicht aufgenommen. Jetzt studiert sie Kunstgeschichte. Sie war im Vorkurs der F+F Schule für Kunst und Design. ███████ macht jetzt eine Malerlehre. ██████ ist in der Lehre zum Konstrukteur auf Baustellen. ███████ wird Gebäudetechnikerin (Hauswart), sie hat im Projekt Buchhaltung gelernt. ██████ will Theaterpädagogin werden. Im 10. Schuljahr hatte sie ein Praktikum in der Kita gemacht und es gehasst. Jetzt macht sie aber eine Lehre in der Waldkita. Danach will sie die Berufsmatur machen und Theaterpädagogin werden. Die Freundin ihres Vater ist Maskenbildnerin am Schauspielhaus. ██████ ist jetzt Versicherungsvertreter. Er wollte entweder Theaterpädagoge oder Lehrer werden. Vielleicht kommt das ja noch. ...

(Rückblick des Projektteams)

1. Sie erhielten 25 Schweizer Franken pro Termin.
2. Das »symbolische Kapital« beschreibt die Summe der kulturellen Ressourcen, die eine Person mobilisieren kann, um eine bestimmte gesellschaftliche Position zu erlangen. Der Begriff entstammt der Soziologie von Pierre Bourdieu, die im Beitrag von Markus Rieger-Ladich dargestellt wird.
3. Beispielsweise María do Mar Castro Varela, Nikita Dhawan, Carmen Mörsch, Mark Terkessidis, Paul Mecheril, Claus Melter und andere.
4. Vgl. Wieczorek, Wanda/ Güleç, Ayşe/ Mörsch, Carmen (2012): *Von Kassel lernen. Überlegungen zur Schnittstelle von kultureller und politischer Bildung am Beispiel des documenta 12 Beirat*. Art Education Research (5).
5. Für das Grafikprojekt *Wir füllen eure Säle* waren fünf Bewerber_innen eingeladen; im Auswahlgremium waren alle drei Teilnehmenden sowie die drei Projektmitarbeiterinnen vertreten. Die Bewerber_innen wurden gebeten, im Gespräch eine Idee für das Projekt vorzustellen. Auch die Jugendlichen brachten einen Vorschlag mit, wie sie sich eine Umsetzung vorstellen könnten. Für das Festivalprojekt *Time Out* waren sechs Bewerber_innen eingeladen (zwei Einzelpersonen, zwei Duos), im Auswahlgremium waren vier Teilnehmer_innen sowie eine Projektmitarbeiterin vertreten. Die Teilnehmer_innen bereiteten sich vor, indem sie Fragen an die Bewerber_innen entwickelten.
6. Die Strukturlegung ist eine Methode zur Erhebung von Einstellungen einer Gruppe. Dabei werden zunächst in Stillarbeit Stichworte zu einem Thema oder einer Frage auf Kärtchen notiert. Diese werden dann an einer Tafel angebracht, gemeinsam geordnet, mit Überschriften versehen und zu einer Struktur gefügt, die den Gedankenablauf der Teilnehmenden zum Thema wiedergibt.
7. Aktuell erscheint unter dem Titel *Art School Differences* eine Studie zu den Zugangshürden an Gestaltungshochschulen in der Schweiz. Darin wird anschaulich erklärt, wie Aussehen, Verhalten, Name, Sprache und weitere Dimensionen einer Person eine Dynamik von Zugehörigkeit und Ausschluss in Gang bringen und über Erfolg oder Misserfolg eines künstlerischen Ausbildungsweges entscheiden. Auf dem Blog des Forschungsprojekts finden sich die Details zur Publikation sowie viele weitere wertvolle Materialien und Texte zum Thema: https://blog.zhdk.ch/artschooldifferences/

AUS DER THEORIE.

*UNTER SICH
BLEIBEN.*

UNTER SICH BLEIBEN. EINRICHTUNGEN DER KULTURELLEN BILDUNG MIT PIERRE BOURDIEU IN DEN BLICK NEHMEN

MARKUS RIEGER-LADICH

Um das Image des Museums könnte es derzeit kaum besser bestellt sein. Die großen Historischen und Technischen Museen erfreuen sich eines anhaltenden Interesses. Andere, die sich einer Region widmen oder etwa der Schweizer Bergwelt, haben sich konzeptionell erneuert und verzeichnen – wie z.B. das *Vorarlberg Museum* in Bregenz und das *Alpine Museum der Schweiz* in Bern – hohe Besucher_innenzahlen. Und wenn berühmte Häuser Ausgründungen betreiben, reisen Medienvertreter_innen aus aller Welt an, erstatten Bericht – und empfehlen, dem »neuen Louvre« unbedingt einen Besuch abzustatten. So geschehen etwa, als unlängst der *Louvre Abu Dhabi* eröffnete und dies in den Feuilletons gefeiert wurde.[1]

Das Museum strahlt derzeit womöglich auch deshalb in einem besonders hellen Licht, weil es nicht mit jenen Widrigkeiten zu kämpfen hat, die etwa Universitäten und Schulen betreffen. In den Ländern des globalen Nordens nimmt die Ökonomisierung der Bildung immer weiter zu: Die Universitäten werden einer unternehmerischen Logik unterworfen und auch das schulische Lernen soll immer weiter beschleunigt werden. Überdies steht die Schule seit den PISA-Studien im Verdacht, die soziale

Herkunft der Schüler_innen zu prämieren. Selbst in Frankreich, wo die Schule lange Zeit als Garant der Werte der französischen Revolution galt, haben bildungssoziologische Studien das Vertrauen in die Fairness des Bildungssystems erschüttert.[2]

Vor diesem Hintergrund erscheint das Museum als eine der wenigen Einrichtungen, an der offene Lernprozesse ausgelöst und wichtige Diskussionen über die Zukunft unserer Gesellschaft initiiert werden können. Anders als in der Schule, die noch immer mit dem Makel des fremdbestimmten Lernens behaftet ist, erscheint das Museum als eine Stätte des freien Räsonnements und nicht-reglementierter Bildungsprozesse. Ein wenig gestört wird dieses Bild freilich von der Auseinandersetzung um Kulturgeschichtliche Museen, die an den Kolonialismus erinnern. Gleichwohl fällt davon kein langer Schatten auf die pädagogische Arbeit im Museum: Diese gilt noch immer als wertvolles Angebot, das auch jenen einen Zugang zu den ausgestellten Objekten ermöglicht, die aus weniger privilegierten Milieus stammen und bei denen man mit geringeren Vorkenntnissen rechnen muss.[3]

I. Ein Museumsbesuch

Nun nährt jedoch ein Roman den Verdacht, dass durchaus nicht alle Museen von der hier beschriebenen Atmosphäre der Offenheit geprägt sind, dass manche zwar in ihren Leitbildern mit Teilhabe und Partizipation werben, sie dies aber in ihrer Ausstellungspraxis nur sehr eingeschränkt einlösen. Der fragliche Roman, der dazu einlädt, einen neuen Blick auf das Museum zu werfen, stammt aus der Feder des US-amerikanischen Schriftstellers Tom Wolfe. Im Zentrum von *Back to Blood* stehen die sich verschärfenden Konflikte zwischen ethnischen Gruppen. In Miami treffen Vertreter_innen der weißen Mittelschicht auf junge Einwanderer, die zumeist aus Mexiko und Kuba stammen. Neben *Asian Americans*, die als besonders ambitioniert geschildert werden, wird die Szenerie auch von *African Americans* bevölkert, von denen viele aus ressourcenschwachen Milieus stammen.

Einer der Protagonisten ist Nestor. Seine Eltern sind aus Kuba in die USA eingewandert und leben in einer entsprechenden *Neighborhood*. Nestor ist Polizist, legt größten Wert auf seine körperliche Erscheinung und verbringt viele Stunden in einem Fitnessstudio. Damit die ganze Pracht seiner Muskeln zur Geltung kommt, trägt er seine T-Shirts stets eine Nummer zu klein – ebenso wie seine Dienstuniform. Im Zusammenhang von Ermittlungen lernt er Ghislaine kennen, eine weiße Studentin. Der Unterschied zwischen ihnen könnte kaum größer sein: Auch sie lebt noch bei ihren Eltern, doch diese bewohnen eine Art Deco-Villa und besitzen in

Fragen des Geschmacks ein ausgesprochen sicheres Urteil. Ihr Vater ist Professor, sie belegt Kurse in den *Humanities*. Nestor ist für die Reize der jungen Frau überaus empfänglich und fiebert einem Treffen entgegen, von dem er sich erhofft, dass es von ihr nicht als dienstliche Befragung erlebt wird. Er holt sie auf dem Campus ab – und weiß ihre Blicke auf seinen Sportwagen nicht richtig zu deuten. Dieser ist tiefergelegt und mit leuchtenden Aluminiumfelgen bestückt, was ihr jedoch keine besondere Bewunderung abnötigt. Eher ist sie etwas verunsichert, weil sie die Ausstattung des Wagens – wie wir, die Leser_innen, erfahren – ein wenig an das Rotlichtmilieu erinnert.

Als sie das *Koroljow Museum of Art* besuchen, kommt es zu einer denkwürdigen Szene. Sie betrachten gemeinsam eine Arbeit von Wassily Kandinsky, die sich Nestor nicht so recht erschließt. Nachdem er die Studie zum Suprematismus mit einer Explosion in einem Abwassertank vergleicht, kommt es zu folgendem Dialog:

> Ghislaine sagte zunächst nichts. Dann beugte sie sich zu Nestor vor und sagte mit andächtiger Stimme, »Nun ja, ich glaube, das hängt nicht deshalb hier, weil sie denken, das könnte jemandem gefallen. Eher weil es so was ist wie ein Meilenstein.«
> »Ein Meilenstein?«, sagte Nestor. »Was für eine Art Meilenstein?«
> »Ein Meilenstein der Kunstgeschichte«, sagte sie. »Letztes Semester habe ich an der Uni einen Kurs über die Kunst des frühen zwanzigsten Jahrhunderts belegt. Wassily Kandinsky und Kasimir Malewitsch waren die ersten Künstler überhaupt, die abstrakt gemalt haben, und zwar ausschließlich abstrakt.«
> Das war ein Schock für Nestor. Ghislaine hatte ihn, ohne seine Gefühle verletzen zu wollen, auf die ihr eigene milde, liebevolle Art zurechtgewiesen! Genau! Er hatte bei all den vielen Wörtern zwar nicht genau verstanden, wie, aber sie hatte ihn zurechtgewiesen ... mit gedämpfter Stimme. Was sollte das überhaupt, dieses ehrfürchtige Geflüster überall? ... als ob dieses Koroljow-Museum eine Kirche oder Kapelle wäre. Es waren sicher sechzig oder siebzig Leute in den beiden Räumen. Sie, die Gläubigen, drängten sich vor diesem Gemälde und jenem Gemälde, und sie kommunizierten ... kommunizierten mit wem oder was? ... mit Wassily Kandinskys aufsteigender Seele? ... oder mit der Kunst an sich, der Kunst als dem allein Seligmachenden? ...

Das haute Nestor um ... Für diese Leute war Kunst wie eine Religion. Der Unterschied war, dass man sich über Religion ungestraft lustig machen konnte ... [...] Es gab tatsächlich jede Menge Leute, die das alles nicht ernst nehmen konnten ... wohingegen man es nicht wagte, sich über Kunst lustig zu machen [...] wenn man darüber vermeintlich witzige Bemerkungen machte ... dann war man offenkundig [...] eine Dumpfbacke, unfähig, die selbsterniedrigende Plumpheit dieses Sakrilegs zu erkennen ... Das war es also! Deshalb war es gar nicht lustig, war es infantil und entsetzlich peinlich, wenn man Kandinskys Suprematistische Komposition XXIII für einen großen, armseligen Witz hielt [...] Und das wiederum macht ihm seinen Mangel an Bildung schrecklich bewusst.[4]

Diese Passage deutet auf einen blinden Fleck in der Debatte über das Museum hin. Und es spricht vieles dafür, dass die Fragen, die damit aufgeworfen werden, auch für andere kulturelle Einrichtungen – für die Bibliothek, das Theater und die Oper – diskutiert werden sollten. In dieser vermeintlich harmlosen Begegnung werden Fragen der Ausgrenzung und der Diskriminierung thematisch, die in der Vergangenheit selten mit der notwendigen Dringlichkeit behandelt wurden. Anders als die Schule und die Hochschule, die längst aus einer machtkritischen Perspektive in den Blick genommen werden, blieben die Einrichtungen des kulturellen Feldes hiervon lange Zeit verschont. Obwohl es vereinzelte Studien gibt, in denen das Museum auf seine Adressierungspraktiken hin beobachtet wird, genoss es doch lange einen gewissen Schutz; augenscheinlich schenkten viele der Selbstbeschreibung Glauben, die geschickt mit den Versatzstücken einer Semantik von Teilhabe, Partizipation und *Diversity* arbeitete.[5]

II. Pierre Bourdieus herrschaftskritische Soziologie

Um etwas zur Aufhellung dieses blinden Flecks beizutragen, wende ich mich dem französischen Kultursoziologen Pierre Bourdieu zu. Dieser ließ bei seinen Studien zu Einrichtungen des pädagogischen und des kulturellen Feldes einen besonderen Ehrgeiz dabei erkennen, Herrschaftszusammenhänge aufzudecken. Dadurch sollten jene (wieder) zu handlungsfähigen Akteuren werden, welche die Opfer der herrschenden Verhältnisse sind. So hält er in *Die Illusion der Chancengleichheit* fest: »Die Enthüllung des Verborgenen hat deshalb immer einen kritischen Effekt, weil in der Gesellschaft das Verborgene immer ein Geheimnis ist, vorzüglich gehütet, auch wenn niemand damit beauftragt ist.«[6] Um nun im Detail zu verstehen, wie Einrichtungen des pädagogischen und des kulturellen Feldes zur Reproduktion sozialer Ungleichheit beitragen, ist es nach Bourdieu notwendig, auf kritische Distanz zur Selbstbeschreibung der betreffenden Einrichtungen zu gehen. Erst wenn wir das, was auf der »Vorderbühne« wortreich inszeniert wird, in Beziehung zu dem setzen, was auf der »Hinterbühne« diskret betrieben wird, erhalten wir ein zutreffenderes Bild von der Funktion, welche Schule und Hochschule, Museum und Bibliothek in einer Gesellschaft einnehmen, die von sozialen Klassen geprägt ist – und von einem sich verschärfenden Wettstreit um Bildungstitel.

Ich beschränke mich hierbei auf die Begriffe Habitus und Feld, Kapital und symbolische Gewalt. Im Anschluss daran wende ich mich erneut der Begegnung zwischen Nestor und Ghislaine zu und versuche zu zeigen, worin der Gewinn besteht, wenn wir mit dem Theoriebesteck Bourdieus das kulturelle Feld in den Blick nehmen.

Mit dem *Habitus* bezeichnet Bourdieu ein System von Dispositionen, das die Formen des Handelns und Erlebens, des Fühlens und Bewertens organisiert. Geprägt wird er insbesondere in den ersten Lebensjahren im Kreis der Familie. In ihm kommen Haltungen, Gestimmtheiten und Gewohnheiten zum Ausdruck, die für ein bestimmtes Milieu oder für eine soziale Klasse charakteristisch sind. Der Habitus wird zwar individuell erworben und verkörpert, besitzt aber eine kollektive Dimension. Daher sprechen wir etwa von dem Habitus der Arbeiterklasse oder von einem professoralen Habitus. Damit wird zum Ausdruck gebracht, dass ein Individuum in seinem Verhalten Merkmale erkennen lässt, die auf eine besondere Prägung verweisen. Handlungen lassen sich somit erst dann angemessen verstehen, wenn wir das Zugleich von Individualität und Kollektivität berücksichtigen: »Tatsächlich dürfte die Hauptfunktion des Habitus-Begriffs darin bestehen, daß man sich mit seiner Hilfe der Alternative von Mechanismus und Finalismus entziehen kann, der des subjektlosen Handelns eines Akteurs [...] und des rationalen [...] Handelns eines Subjekts, das sich seine eigenen Zwecke setzt.«[7] Wir verdanken unsere Handlungsfähigkeit zwar dem Habitus, aber dieser eröffnet uns immer nur ein gewisses Spektrum von Optionen. Bestimmte Handlungen verbieten sich gleichsam von selbst, sie sind schambesetzt oder das, was wir umgangssprachlich »unmöglich« nennen.

Wie andere Soziolog_innen geht auch Bourdieu davon aus, dass moderne Gesellschaften in vielerlei Hinsicht differenziert sind. Wir sind es gewohnt, die Dienste von Expert_innen in Anspruch zu nehmen, wenn wir unter Zahnschmerzen leiden, einen Kredit benötigen oder uns in einen Rechtsstreit verwickelt sehen. Wir betreten hier – beim Besuch der Zahnarztpraxis, einer Bankfiliale oder einer Anwaltskanzlei – differente Universen: Sie unterscheiden sich atmosphärisch voneinander, sind auf je spezifische Weise möbliert und ausgestattet. Aber ihnen ist gemeinsam, dass wir hier auf Spezialist_innen treffen, die in einem eng definierten Bereich über eine besondere Expertise verfügen. Und eben diese gesellschaftlichen Teilbereiche nennt Bourdieu *soziale Felder*. Neben den erwähnten Feldern gibt es auch die der Kunst, der Wissenschaft und der Politik, der Kultur und der Bildung. Typisch für soziale Felder ist, dass sie von Konflikten geprägt sind. Ob in der Medizin, der Wissenschaft oder im Rechtssystem – hier treffen unterschiedliche Positionen aufeinander, konkurrieren miteinander und versuchen den Streit darüber, was die richtige Behandlungsmethode, der aussichtsreichste Weg des Strebens nach Erkenntnis oder die beste Form der Rechtsprechung ist, für sich zu entscheiden. Um hier »mitspielen« zu können, ist ein spezifischer Habitus notwendig. Während wir von einer Zahnärztin neben ihrer Fachkenntnis eine besonders entwickelte Feinmotorik erwarten, unterstellen wir bei einem Wissenschaftler ein ausgeprägtes Interesse daran, Wahrheitsfragen zu diskutieren. Dabei sind es die sozialen Felder selbst, die dafür sorgen, dass ihre Akteure über die entsprechenden Dispositionen verfügen: Sie erzwingen – über eine langjährige Ausbildung, Prüfungen und Spezialisierungen – die Ausbildung eines passenden Habitus.[8]

Vergleicht man nun die sozialen Felder miteinander, fällt rasch auf, dass viele hierarchisch strukturiert sind und ganz unterschiedliche Verdienstmöglichkeiten eröffnen. Manche Berufszweige sind mit vielen Privilegien verknüpft, andere leiden unter einem schlechten Image. Um nun die Bildung sozialer Klassen erklären und die Ungleichheiten beschreiben zu können, greift Bourdieu auf den marxschen Begriff des *Kapitals* zurück. Er entwickelt diesen allerdings weiter und identifiziert unterschiedliche Typen. Neben ökonomischem Kapital kennt er auch kulturelles und soziales Kapital. Die Zuordnung zu einer sozialen Klasse wird von ihm daher nicht allein mit Blick auf das ökonomische Kapital vorgenommen, sondern gleichsam »verrechnet« mit der Ausbildung, die jemand absolviert hat, mit den Bildungstiteln, über die er verfügt, sowie mit den Kontakten zu Personenkreisen, die einem bei Bedarf ihr Fachwissen zur Verfügung stellen. Dies ist häufig dann unverzichtbar, wenn es darum geht, »Investitionen« zu tätigen – den Kauf einer Immobilie etwa oder die Finanzierung eines Studiums.[9] Ob eine Person hohes Ansehen genießt, zu den sogenannten »besseren Kreisen« gezählt wird, hängt somit nicht allein von ihren finanziellen Möglichkeiten ab, sondern verweist auf ein Mischungsverhältnis von ökonomischem, kulturellem und sozialem Kapital.

An den krassen Einkommensunterschieden und ungleichen Teilhabechancen entzündet sich immer wieder die Frage nach deren Legitimität. Dann werden exorbitante Abfindungen von sogenannten »Spitzenmanagern« oder Privilegien von Beamt_innen zum Thema. Doch obwohl diese

Fragen öffentlich diskutiert werden, haben sich doch weite gesellschaftliche Kreise mit dem Status quo arrangiert. Und dazu zählt auch die große Gruppe der Verlierer der Verteilungskämpfe. Um diesen Umstand zu erklären, hat Bourdieu das Theorem *symbolische Gewalt* entwickelt. Er sucht eine Antwort auf die Frage, warum diejenigen, die in dem ungleichen Spiel um Kapital, um Wertschätzung und Anerkennung übervorteilt werden, nicht häufiger opponieren. Ihn interessieren jene Kräfte, welche die herrschende Ordnung stabilisieren und Akzeptanz herstellen. Für symbolische Gewaltverhältnisse, die das bewerkstelligen, ist nun charakteristisch, dass sie häufig gar nicht als Gewalt *erkannt* werden: Sie ergreifen auf diskrete Weise von uns Besitz – und sorgen dafür, dass uns die Ungleichbehandlung von sozialen Gruppen, etwa von Männern und Frauen, Heterosexuellen und Homosexuellen, Weißen und Schwarzen, als natürlich und gerechtfertigt erscheint. Durch Prozesse der Habitualisierung, die Übernahme von Stereotypen sowie die Verinnerlichung von Ideologien der Ungleichheit eignen wir uns Bewertungsmuster an und praktizieren diese weitgehend unbemerkt. Auf diese Weise werden die Verlierer der gesellschaftlichen Verteilungskämpfe zu Komplizen der herrschenden Verhältnisse. Es sind eben nicht allein erhebliche Prägekräfte, die bei der Ausbildung eines Habitus zum Einsatz kommen, auch unsere Handlungsfähigkeit erlangen wir erst durch die Verinnerlichung symbolischer Ordnungen, die von Machtstrukturen geprägt sind. Hier, in den »dunklen Dispositionen des Habitus«, entfaltet die symbolische Gewalt »ihre Wirksamkeit«.[10] Und so kommt es im Streben nach den begehrten Gütern zu einem ungleichen Wettkampf: Dabei treffen nicht nur die Angehörigen sozialer Gruppen aufeinander, die ohnehin mit unterschiedlich hohem Kapital ausgestattet sind; es treffen auch unterschiedliche Habitus aufeinander – jener, der von Bescheidenheit geprägt ist, auf jenen, für den eine besondere Anspruchshaltung typisch ist. Es ist somit die Verinnerlichung der Herrschaftsstrukturen, die dafür sorgt, dass die ungleiche Verteilung von Kapital, Privilegien und Wertschätzung zumeist auch von denen anerkannt wird, die mit großen Handicaps in diesen Wettstreit eintreten.

III. Symbolische Gewaltverhältnisse

Damit kehre ich zurück nach Miami – und zur Begegnung zwischen Nestor und Ghislaine. Interpretiert man die zitierte Passage im Rückgriff auf die von Bourdieu entwickelten Erkenntniswerkzeuge, wird das Museum in ein anderes Licht getaucht. Dann zeigt sich, dass auch von Gebäuden symbolische Gewalt ausgehen kann: Große Kathedralen und imposante Bankgebäude können uns nachhaltig beeindrucken und einschüchtern. Aber dies gilt auch für Einrichtungen des kulturellen und des pädagogischen Feldes: Das Portal eines renommierten Internates oder eines altsprachlichen Gymnasiums kann uns klein und nichtswürdig erscheinen lassen, ein berühmtes Museum oder eine exklusive Galerie können bei uns ein Gefühl des Unwohlseins und der Beklommenheit auslösen. Wir sind empfänglich für die Codes eines Gebäudes, reagieren auf die versteckten Signale – und haben ein untrügliches Gespür dafür, ob wir hier geschätzt werden oder nicht. Der Erziehungswissenschaftler Michael Parmentier hat anschaulich festgehalten, wie groß das Maß der Verunsicherung sein kann, das von einem Museum ausgelöst wird: »Das ostentative Pathos der Leere verwandelt die weiße Zelle, die ehemalige Künstlerwerkstatt, in einen Kultraum der Moderne, der alles, was in seinen Bannkreis gerät, auf mysteriöse Weise entzeitlicht und überhöht. Am Ende ist der eingeschüchterte Betrachter versucht, selbst den Aschenbecher und den Feuerlöscher für einen heiligen Gegenstand zu halten.«[11]

Ersichtlich steht Ghislaine nicht in der Gefahr, profane Gegenstände in den Rang eines Kunstwerks zu erheben. Sie ist mit den symbolischen Codes des Museums vertraut, kennt die unausgesprochenen Spielregeln und bewegt sich souverän zwischen den Exponaten; sie verfügt nicht nur über den passenden Habitus, sondern auch über das notwendige Fachwissen, um suprematistische Experimente würdigen zu können. Der ästhetische Genuss ist in diesem speziellen Fall sehr voraussetzungsreich und verlangt eine entsprechende Schulung. Dass sie diesen Wissensvorsprung nicht ausstellt, sondern ihr kulturelles Kapital mit Nestor zu teilen unternimmt, mag ihrem »guten Elternhaus« geschuldet sein. Sie tut dies in einer Geste, die von Takt und Rücksichtnahme geprägt ist, gibt sich alle erdenkliche Mühe, dass diese nicht als Belehrung interpretiert wird. Und doch geschieht das, was nicht eben selten zu beobachten ist, wenn eine Person den Versuch unternimmt, ihr Wissen auch anderen zugänglich zu machen: Ghislaine verwendet mit »Meilenstein« einen weiteren Begriff, der Nestor nicht geläufig ist. All dies geschieht freilich im Modus einer gepflegten Konversation: Sie spricht leise, mit gedämpfter Stimme, sicherlich ohne den Einsatz expressiver Gesten.

Nestor erlebt die Situation ganz anders: Sein wachsender Unmut ist nicht allein dem Kurzreferat geschuldet, dem er nur bedingt folgen kann, sondern auch den besonderen Umgangsformen, die von Ghislaine und den übrigen Museumsbesucher_innen praktiziert werden. Diese lassen nicht nur ein Höchstmaß an Affektkontrolle erkennen – obwohl die Räume des Museums gut besucht sind, ist kaum ein Geräusch zu hören –, sondern auch eine besondere Gestimmtheit. Die ausgestellten Exponate verweisen, so scheint es, auf die höchsten Möglichkeiten des Menschen, auf eine quasireligiöse Substanz – und von diesem Glanz scheint auf jene etwas abzufärben, die eben dies erkennen und zu würdigen wissen.

Geschmack ist eben auch ein vorzügliches Distinktionsmittel; die Verfeinerung des Geschmacks ist gemeinschaftsstiftend und hält jene auf Abstand, die weniger raffinierte Vorlieben besitzen. Dies alles *spürt* Nestor. Was ihn erzürnt, ist die Tatsache, dass er diesen Unmut nicht nur nicht artikulieren kann; hierfür fehlen ihm die Worte, ist zu vermuten. Schlimmer noch ist die Tatsache, dass er feine Antennen für die symbolische Codierung des Museums hat; er ist durchaus empfänglich für die ungeschriebenen Gesetze einer kulturellen Einrichtung – und weiß darum, dass er sich öffentlich bloßstellen würde, wenn er den Rang der Gemälde bestreiten oder gar die Hochschätzung der Kunst grundsätzlich in Zweifel ziehen würde. Das größte Ärgernis besteht für ihn darin, dass sich die übrigen Museumsbesucher als kleine Gruppe von Auserwählten inszenieren, deren Mitglieder sich an ihrem exquisiten Geschmack erkennen – und er augenscheinlich nicht zu diesem ausgesuchten Personenkreis gezählt wird: Niemand interessiert sich für seine präzise definierte Bauchmuskulatur, niemand würdigt seine verspiegelte Sonnenbrille eines Blickes – und niemand, so darf spekuliert werden, weiß die raffinierte, indirekte Beleuchtung seiner Sportfelgen zu schätzen.

IV. Bildung und Beschämung

Statt zu erläutern, wie sich Nestor aus dieser misslichen Situation befreit (und den Angriff auf seine »männliche Ehre« abzuwehren versucht)[12], will ich den Blick etwas weiten und auf Einrichtungen des kulturellen und des pädagogischen Feldes werfen. Für beide Felder ist charakteristisch, dass sie die Definitionshoheit über das besitzen, was als »legitimer Geschmack« gilt. Schulen legen über den Lehrplan fest, was als wissenswert gilt (und was nicht), Bibliotheken definieren über ihre Erwerbungen, was als lesenswert gilt (und was nicht), Museen bestimmen durch ihre Ausstellungen, was als sehenswert gilt (und was nicht). Die verantwortlichen Akteure des pädagogischen und des kulturellen Feldes treffen fortwährend Entscheidungen und erzeugen so einen Kanon anerkannter Kulturgüter. Dieser erlaubt es zu entscheiden, wer über einen »erlesenen«, einen bloß »konventionellen« oder – schlimmer noch – über einen »ordinären« Geschmack verfügt. Dass sich hierbei das Bürgertum selbst feiert, indem es seine eigenen Vorlieben verklärt und seine spezifischen Umgangsformen für allgemeinverbindlich erklärt, ist für die Schule wiederholt nachgewiesen worden. Nicht zuletzt die Arbeiten Bourdieus und Passerons haben eindrucksvoll dokumentiert, dass die »kulturelle Passung« – also eine starke Affinität zwischen schulischer und familiärer Ordnung – für Bildungskarrieren hoch bedeutsam ist. Daran hat sich bis heute, allen Ankündigungen einer Reform des Bildungswesens zum Trotz, nur wenig geändert.[13]

Von besonderem Interesse ist nun, dass sich in der jüngsten Vergangenheit die Stimmen derer mehren, die eine solche Aufklärung auch für den Bereich des kulturellen Feldes einfordern. Dies ist überaus berechtigt, denn sehr vieles spricht dafür, dass die sanfte Form der Ausgrenzung, die innerhalb des Bildungswesens betrieben wird, auch in kulturellen Einrichtungen beobachtet werden kann. Die Beschämung, von der viele Bildungsaufsteiger in eindringlichen Zeugnissen berichten, bleibt eben nicht auf die Schule und die Hochschule beschränkt.[14] So hat Tony Bennett das Museum sehr treffend als eine Einrichtung beschrieben, in der »bürgerliche Rituale« aufgeführt würden, sich ein kleiner Personenkreis seines ausgezeichneten Geschmacks versichere und auf diese Weise »zur Konstruktion von sozialen Unterschieden« beitrage, »was genau dem Anspruch von Kunstmuseen zuwiderläuft, zu und für alle Bürger zu sprechen«.[15] Es erweist sich freilich nicht allein das Museum als »bürgerliche Erziehungsanstalt« (Bennett). Mark Terkessidis etwa hat sich dafür ausgesprochen, sämtliche kulturelle Einrichtungen auf ihre »Barrierefreiheit« hin zu untersuchen – und dies eben nicht nur im physischen Sinne, sondern auch in symbolischer Hinsicht. Anders als in Großbritannien, wo »viele Kulturinstitutionen [...] die eigene hochkulturelle Arroganz verloren« und damit begonnen hätten, »alle Menschen als Kulturproduzenten und -konsumenten ernst zu nehmen«, stehe dies für Deutschland noch aus.[16] Das Theater tauche für soziale Gruppen, die nicht zum einheimischen Bürgertum zählten – etwa Arbeitslose und prekär Beschäftigte, Arbeiter und Migrant_innen – auf ihrer »*cognitive map* der Stadt« gar nicht auf. Pointiert ließe sich sagen, dass das Theater für jene, die nur über geringes ökonomisches und kulturelles Kapital verfügen, eine *No-Go-Area* ist. Der Ausschluss wird hier nicht offen betrieben, sondern ganz diskret – wer die Standards der Affektkontrolle unterschreitet, die gehobenen Umgangsformen nicht beherrscht, wird durch ein Hüsteln zur Ordnung gerufen, durch strenge Blicke, oder erntet ein indigniertes Kopfschütteln.

Empfänglichkeit für solche Hinweise setzt freilich Vertrautheit mit den Codes voraus – und die Hoffnung darauf, in den erlauchten Kreis aufgenommen zu werden. Nestor wird aus diesem Grund nicht beschämt: Er stammt aus einem anderen Milieu, beherrscht dessen Codes und lässt keine Ambitionen erkennen, in den Kreis der Kunstfreunde aufgenommen werden zu wollen. Keine Geste verrät ein Interesse daran, sein körperliches Kapital gegen kulturelles einzutauschen oder etwa seinen tiefergelegten Sportwagen gegen einen soliden Mittelklassewagen. Er ist für das Spiel der »feinen Unterschiede« (Bourdieu) weitgehend unempfänglich.

Deutlich weniger immun sind jene, die über den Zugang zu Bildung das eigene Herkunftsmilieu zu verlassen unternehmen. Sie sind erpressbar, weil sie oft über keine Alternative verfügen, das enge Milieu, aus dem sie stammen, hinter sich zu lassen. Bildung wird daher zum Hoffnungsträger – und zugleich zu einem Medium, das sie immer wieder mit den eigenen Unzulänglichkeiten konfrontiert. Aus diesem Grund sind es die bereits erwähnten Bildungsaufsteiger, die aus strukturellen Gründen in der größten Gefahr stehen, von genau den Einrichtungen die schmerzhaftesten Verletzungen beigebracht zu bekommen, auf die sie die größten Hoffnungen richten. Sehr eindrücklich schildert dies der Soziologe Didier Eribon, der in seiner *Rückkehr nach Reims* den eigenen Bildungsgang schildert. Aufgewachsen in einem proletarischen Milieu und als schwuler Junge schon früh mit allen Spielarten der Homophobie konfrontiert, geht er zum Studium nach Paris und unternimmt große Anstrengungen, seine Herkunft zu vertuschen. Dabei bemerkt er bald, dass das Interesse an Kultur keine harmlose Angelegenheit ist:

Interesse für Kunst oder Literatur hat stets, ob bewusst oder unbewusst, auch damit zu tun, dass man das Selbst aufwertet, indem man sich von jenen abgrenzt, die keinen Zugang zu solchen Dingen haben; es handelt sich um eine »Distinktion«, einen Unterschied im Sinne einer Kluft, die konstitutiv ist für das Selbst und die Art, wie man sich selbst sieht, und zwar immer im Vergleich zu den anderen – den »bildungs-fernen« oder »unteren« Schichten etwa. Wie oft konnte ich in meinem späteren Leben als »kultivierte Person« die Selbstzufriedenheit besichtigen, die Ausstellungen, Konzerte und Opern vielen ihrer Besuchern bereiten.

Und er räumt ein, dass er dieses Spiel zwar längst zu durchschauen gelernt hat und es verabscheut, aber gleichwohl dafür empfänglich bleibt:

Dieses Überlegenheitsgefühl, das aus ihrem ewigen diskreten Lächeln ebenso spricht wie aus ihrer Körperhaltung, dem kennerhaften Jargon, dem ostentativen Wohlgefühl … In all diesen Dingen kommt die soziale Freude darüber zum Ausdruck, den kulturellen Konventionen zu entsprechen und zum privilegierten Kreis derer zu gehören, die sich darin gefallen, dass sie mit »Hochkultur« etwas anfangen können. Dieses Gehabe hat mich seit je eingeschüchtert, und doch tat ich alles dafür, so zu werden wie diese Leute, in kulturellen Kontexten dieselbe Lockerheit an den Tag zu legen und den Eindruck zu vermitteln, ich sei ebenfalls so geboren worden.[17]

Nimmt man die Einrichtungen des kulturellen wie des pädagogischen Feldes ernst und sucht sie auf die Umsetzung ihrer vollmundigen Erklärungen zu Partizipation und Diversity zu verpflichten, wäre genau solchen Dokumenten der Beschämung besondere Aufmerksamkeit zu schenken. Zeugnisse von Bildungsaufsteigern, wie sie in den vergangenen Jahren von Pierre Bourdieu und Annie Ernaux, von Didier Eribon und Édouard Louis, von Ulla Hahn und J.D. Vance vorgelegt wurden, werfen einen Blick auf die Hinterbühne der Einrichtungen kultureller Bildung – und decken mit den Verletzungen, die jenen zugefügt werden, die mit dem *hidden curriculum* nicht vertraut sind, auf, was noch zu tun ist auf dem Weg einer tiefgreifenden Demokratisierung der Einrichtungen kultureller Bildung.[18]

1   Karen van den Berg (2017): »Das ausgestellte Museum. Von Abu Dhabi nach Teshima«, in: *Paragrana* 26,1, S. 57–72.
2   Christian Baudelot (2005): »Das Bildungswesen, ein neues wissenschaftliches Objekt, ein Feld neuer Kämpfe«, in: Catherine Colliot-Thélène et al. (Hrsg.): *Pierre Bourdieu: Deutsch-französische Perspektiven*, Frankfurt/Main: Suhrkamp, S. 165–178; Pierre Bourdieu (2018): *Bildung. Schriften zur Kultursoziologie II*. Berlin: Suhrkamp.
3   Markus Rieger-Ladich (2012): »Schmerz und Scham. Lernprozesse im Museum«, in: Carla Aubry u.a. (Hrsg.): *Wissenschaft – Pädagogik – Politik*. Weinheim: Beltz, S. 80–94; Thomas Thiemeyer (2016): »Deutschland postkolonial. Ethnologische und genealogische Erinnerungskultur«, in: *Merkur* 70, Heft 806, S. 33–45.
4   Tom Wolfe (2012): *Back to Blood*. Übers. Wolfgang Müller. München: Blessing, S. 693f.
5   Erste kritische Stimmen meldeten sich schon früh; erwähnt sei hier insbesondere die viel beachtete Artikel-Serie von Brian O'Doherty in den 1970er Jahren. Vgl. Brian O'Doherty (1996): *In der weißen Zelle*. Berlin: Merve; Tony Bennett (1995): *The Birth of the Museum: History, Theory, Politics*, London & New York: Routledge; Oliver Marchart (2005): »Die Institution spricht. Kunstvermittlung als Herrschafts- und Emanzipationstechnologie«, in: Beatrice Jaschke/Charlotte Martinz-Turek/Nora Sternfeld (Hrsg.): *Wer spricht? Autorität und Autorschaft in Ausstellungen*. Wien: turia + kant, S. 34–58; Dorothea von Hantelmann/Carolin Meister (Hrsg.)(2010): *Die Ausstellung. Politik eines Rituals*. Zürich-Berlin: Diaphanes; Carmen Mörsch (2016): »Stop Slumming! Eine Kritik kultureller Bildung als Verhinderung von Selbstermächtigung«, in: Maria do Mar Castro Varela/Paul Mecheril (Hrsg.): *Die Dämonisierung der Anderen. Rassismuskritik der Gegenwart*. Bielefeld: transcript, S. 173–184.
6   Pierre Bourdieu/Jean-Claude Passeron (1971): *Die Ideologie der Chancengleichheit*. Stuttgart: Klett.
7   Pierre Bourdieu (1993): *Satz und Gegensatz. Über die Verantwortung des Intellektuellen*. Frankfurt/Main: Fischer, S. 92.
8   Der Habitus eines Mediziners wird sehr präzise eingefangen in einem brillanten Roman von Ian McEwan, der 24 – sehr aufregende

– Stunden im Leben eines Neurochirurgen schildert: Ders. (2005): *Saturday*. Zürich: Diogenes.
9 Vgl. hierzu: Pierre Bourdieu: »Ökonomisches Kapital – Kulturelles Kapital – Soziales Kapital«, in: Ders. (1992): *Die verborgenen Mechanismen der Macht*. VSA, Hamburg, S. 49–80.
10 Pierre Bourdieu (2001): *Meditationen*. Frankfurt/Main: Suhrkamp, S. 218.
11 Michael Parmentier (2005): »Die Kunst und das Museum: Stationen eines didaktischen Dilemmas«, in: *Zeitschrift für Pädagogik 6*, S. 771.
12 Es geht hier ersichtlich nicht allein um die Differenz zwischen hohem und geringem kulturellen Kapital, sondern auch um männliche Identität und womöglich auch um das, was in den USA »race« genannt wird.
13 Vgl. Pierre Bourdieu (2018): *Bildung*, a.a.O.; Markus Rieger-Ladich (2018): »Klassenkampf. Pierre Bourdieu über Bildung«, in: Ebd.
14 Markus Rieger-Ladich (2018): »Cooling out. Warum Bildung mehr ausgrenzt als inkludiert«, in: *Kursbuch* 193, S. 100–114.
15 Tony Bennett (2010): »Der bürgerliche Blick. Das Museum und die Organisation des Sehens«, in: Dorothea von Hantelmann/Carolin Meister (Hrsg.): *Die Ausstellung. Politik eines Rituals*. Zürich-Berlin: Diaphanes, S. 47–77, hier: S. 48.
16 Mark Terkessidis (2010): *Interkultur*, Berlin: Suhrkamp, S. 174.
17 Didier Eribon (2016): *Rückkehr nach Reims*. Übers. Tobias Haberkorn. Berlin: Suhrkamp, S. 98.
18 Pierre Bourdieu (2002): *Ein soziologischer Selbstversuch*, Frankfurt/Main: Suhrkamp; Édouard Louis (2015): *Das Ende von Eddy*. Frankfurt/Main: Fischer; J.D. Vance (2016): *Hillbilly Elegy. A Memoir of a Family and Culture in Crisis*. New York: HarperColllins; Annie Ernaux (2017): *Die Jahre*. Berlin: Suhrkamp.

Für Austausch und Diskussion, für Kritik und Support gilt mein Dank Karen van den Berg, Linnéa Hoffmann, Jule Janczyk, Wanda Wieczorek und Elisabeth Winkler.

IMPRESSUM

Bibliografische Information der Deutschen Nationalbibliothek
Die Deutsche Nationalbibliothek verzeichnet diese Publikation in der Deutschen Nationalbibliografie; detaillierte bibliografische Daten sind im Internet über http://dnb.ddb.de abrufbar.

Eine Publikation des Institute for Art Education IAE der Zürcher Hochschule der Künste

Gefördert von der Stiftung Mercator Schweiz

STIFTUNG MERCATOR SCHWEIZ

Herzlichen Dank den Teilnehmer_innen des Projekts Die Kunstnäher_innen (IAE und Fachstelle schule&kultur des Kantons Zürich, 2014–2016).

Beratung: Carmen Mörsch
Gestaltung und Satz: Büro Dawallu, Berlin
Fotografie: Miloš Ristin (S. 36), Katarina Tereh
Druck: Memminger MedienCentrum

kopaed Verlag, München
www.kopaed.de

ISBN: 978-3-86736-409-6
eISBN 978-3-86736-698-4

© kopaed 2018, IAE / die Autor_innen und Fotograf_innen.
Arnulfstraße 205, 80634 München
Fon: 089. 688 900 98 Fax: 089. 689 19 12
e-mail: info@kopaed.de
Internet: www.kopaed.de